电子商务中网络营销的分析与策略研究

郑 琰　由春辉　王瑞平　著

哈尔滨出版社
HARBIN PUBLISHING HOUSE

图书在版编目（CIP）数据

电子商务中网络营销的分析与策略研究 / 郑琰, 由
春辉, 王瑞平著. -- 哈尔滨 : 哈尔滨出版社, 2023.10
ISBN 978-7-5484-7626-9

Ⅰ.①电… Ⅱ.①郑… ②由… ③王… Ⅲ.①电子商
务 – 网络营销 – 研究 Ⅳ.①F713.365.2

中国国家版本馆CIP数据核字(2023)第207817号

书　　名：**电子商务中网络营销的分析与策略研究**
DIANZI SHANGWU ZHONG WANGLUO YINGXIAO DE FENXI YU CELÜE YANJIU

作　　者：郑　琰　由春辉　王瑞平　著
责任编辑：韩金华
封面设计：蓝博设计

出版发行：哈尔滨出版社（Harbin Publishing House）
社　　址：哈尔滨市香坊区泰山路82-9号　　邮编：150090
经　　销：全国新华书店
印　　刷：武汉鑫佳捷印务有限公司
网　　址：www.hrbcbs.com
E-mail：hrbcbs@yeah.net
编辑版权热线：（0451）87900271　87900272
销售热线：（0451）87900201　87900203

开　　本：787mm×1092mm　1/16　印张：10.25　字数：220千字
版　　次：2023年10月第1版
印　　次：2023年10月第1次印刷
书　　号：ISBN 978-7-5484-7626-9
定　　价：68.00元

凡购本社图书发现印装错误，请与本社印制部联系调换。
服务热线：（0451）87900279

前言
PREFACE

随着电子商务的快速发展和互联网技术的普及，网络营销在商业领域中扮演着越来越重要的角色。网络营销作为一种利用互联网渠道和工具进行市场推广和销售的策略，具有许多独特的特点和优势，因此对电子商务领域的网络营销策略进行深入分析和研究，变得尤为必要。

《电子商务中网络营销的分析与策略研究》一书旨在为读者提供全面而系统的网络营销理论和实践指导，帮助企业在竞争激烈的网络环境中取得优势，实现营销目标。

本书包括八个章节，在第二章中对电子商务和网络营销进行了全面的概述，介绍了电子商务的定义、特点及网络营销的概念和原理。这为读者建立起对电子商务和网络营销的基本认知和理解。

接着，第三章至第四章分别探讨了网络营销策略的基础理论、关键要素和实施方法。在这些章节中，读者将了解到市场分析与目标定位、消费者行为与需求分析、竞争分析与差异化定位等关键概念和理论。同时，本书还介绍了与网络营销密切相关的要素，如网站设计与用户体验、搜索引擎优化与搜索引擎营销、社交媒体营销与影响力营销、内容营销与品牌建设，以及数据分析与个性化营销等。

随着移动互联网的快速发展，移动营销成为企业获取更广阔市场份额的重要手段。因此，本书在第五章中重点探讨了电子商务中的移动营销策略，包括移动营销的趋势与发展、响应式网页设计与移动应用开发、移动广告与位置营销，以及微信营销与移动社交媒体策略。

第六章至第七章分别探讨了网络营销的营销传播与推广策略，以及客户关系管理策略。这些章节包括数字营销传播与内容营销、电子邮件营销与自动化营销、微博营销与社交媒体传播策略，以及口碑营销与用户生成内容（UGC）策略等内容。通过这些策略，企业可以更好地推广产品和服务，并建立良好的客户关系。

最后，第八章探讨了网络营销的评估与改进策略。在这一章节中，本书将介绍如何建立网络营销绩效评估指标体系，利用数据分析和决策支持工具来评估网络营销的效果。此外，本书还将提供网络营销策略优化与改进的实用方法和技巧。

本书的特点在于理论和实践的结合，通过丰富的案例和实际操作指南，帮助读者更好地理解和应用网络营销的概念和策略。无论是初学者还是从业者，都能从本书中获得宝贵的知识和见解，掌握网络营销的核心要素和技巧。

总之，《电子商务中网络营销的分析与策略研究》是一本全面而系统的图书，旨在为读者提供关于电子商务中网络营销的有效策略和实践指导。我们希望通过本书的阅读，读者能够深入理解网络营销的基本原理和关键要素，掌握网络营销的有效策略，从而在激烈的市场竞争中取得优势，实现营销目标。祝愿读者在学习和实践中取得丰硕的成果！

目录
CONTENTS

第一章 导论

第一节 研究背景和目的

随着 21 世纪信息技术的飞速发展，互联网已经成为了人们生活中不可或缺的一部分。网络已经成为了信息传播、交流、购物、娱乐等活动的重要场所。特别是在购物方面，电子商务已经渗透到我们的日常生活中，从衣食住行到娱乐休闲，越来越多的消费者选择在线购物，享受其带来的便捷和高效。

电子商务的兴起带来了一种全新的营销方式——网络营销。网络营销利用电子通信技术和数字技术，通过互联网进行市场开发、产品推广和销售服务，以满足消费者需求并实现企业利润最大化。网络营销，凭借其高效、便捷、大覆盖面等优点，正在深刻地改变着传统的商业模式和营销策略，从而对全球商业生态产生了深远影响。

然而，尽管网络营销发展迅速，它的理论研究和实践应用却相对滞后。许多企业在进行网络营销时，往往缺乏明确的策略和方向，这使得网络营销的效果并未达到预期。对此，我们有必要进行深入研究，以探索有效的网络营销理论和策略。

一、研究背景

（一）技术的发展

随着互联网技术的快速发展，网络普及率不断提高，人们对于互联网的依赖程度也越来越高。互联网的普及和快速发展为电子商务提供了广阔的发展空间。互联网技术的进步，如宽带网络、移动互联网和智能手机的普及，使得人们可以随时随地访问互联网，方便快捷地进行购物和交易。这为企业提供了更多的机会和挑战，需要研究和制定适应新技术发展的网络营销策略。

（二）消费方式的变化

随着互联网技术的发展，越来越多的消费者选择通过互联网进行购物。线上购物的普及改变了传统的实体店购物方式，消费者可以在家中或任何其他地方通过计算机、智能手机等设备进行购物，无需出门。这为企业提供了更广阔的市场和销售机会。

对消费者来说，他们的购物渠道多元化。他们可以在电子商务平台上搜索和比较产品，查看在线评论和评分，与社交媒体上的其他消费者交流意见。消费者可以通过多种渠道获取产品信息和购买建议，从而做出更加明智的购买决策。

另外，移动互联网的普及使得消费者能够通过智能手机和移动应用程序进行购物。消费者可以随时随地浏览产品、比较价格、下订单并进行支付。移动购物的便利性使得消费者更加容易参与购物活动，这也为企业提供了更多的销售机会。

随着信息时代的到来，消费者对个性化消费的需求不断增加。消费者希望根据自己的兴趣、偏好和需求来定制产品和服务。网络营销可以通过数据分析和个性化推荐算法，提供个性化的购物体验，满足消费者的需求，增强他们的购买欲望。同时，消费者通过社交媒体和在线评论等方式产生大量的用户生成内容。这些内容对其他消费者的购买决策产生重要影响。消费者更加倾向于相信其他消费者的评价和推荐，而不是企业的宣传。因此，企业需要关注并积极参与用户生成内容的互动，倾听消费者的声音并回应他们的需求。

（三）企业的自身需求

企业的自身需求是研究网络营销策略的另一个重要背景。

传统的营销方式通常需要较高的投入，如广告费用、促销费用和人力资源成本等。而网络营销相对来说成本较低，可以通过搜索引擎优化、社交媒体营销和电子邮件营销等方式，以更少的成本实现更广泛的市场覆盖。企业研究网络营销策略可以帮助其找到更具效益的营销方式，降低营销成本，提高回报率。

随着电子商务的快速发展，竞争压力日益增大。传统营销模式可能无法满足企业在竞争激烈的市场中的需求。网络营销具有覆盖范围广、互动性强的特点，能够帮助企业更好地与潜在客户进行沟通和交流，提高品牌知名度和市场份额。研究网络营销策略可以帮助企业提升其市场竞争力，获得更大的市场份额和业务增长。

同时，消费者对于个性化的产品和服务需求日益增长。网络营销可以通过个性化推荐和定制化的营销策略，更好地满足消费者的需求，提高客户满意度和忠诚度。企业通过研究网络营销策略，可以构建更强大的客户关系管理体系，提供个性化的购物体验和售后服务，从而增强客户黏性，促进重复购买和口碑传播。

网络营销产生的大量数据可以被用于分析和决策。企业研究网络营销策略可以帮助其了解消费者行为、市场趋势和竞争动态。通过数据分析和智能营销工具，企业能够更准确地定位目标市场、优化产品定价、改进推广策略，并及时调整营销活动，以提高市场反应速度和营销效果。

（四）传统营销模式存在的问题

1.信息传递效率低

传统营销依赖于广告、宣传册、电视广告等传统媒体渠道来传达产品或服务的信息。然而，这些传统媒体渠道的信息传递效率有限，消费者需要花费时间和精力去寻找和筛选自己感兴趣的产品信息。相比之下，网络营销通过互联网渠道，如搜索引擎、社交媒体和电子商务平台，能够更迅速、准确地将信息传递给目标受众。

2.覆盖范围有限

传统营销往往受限于地理位置和渠道限制，只能在特定区域或特定媒体上展示广告或推广活动。这限制了企业的市场覆盖范围和潜在客户的获取。相比之下，网络营销具有全球性和无时空限制的特点，企业可以通过互联网将产品信息传递到全球各地，扩大潜在客户群体。

3.反馈效果不明确

传统营销模式往往难以获得及时、准确的消费者反馈。企业通常只能通过市场调研、销售数据统计等方式来获得一些反馈信息，但这些信息有时难以及时获取，并且可能存在偏差。而网络营销通过用户留言、评论、社交媒体互动等方式，可以更直接地获得消费者的反馈和意见，有助于企业了解市场需求，改进产品和服务。

4.缺乏个性化定制能力

传统营销模式往往无法满足消费者个性化的需求。广告、宣传册等传统媒体渠道的信息传递是批量化的，无法根据不同消费者的偏好和需求进行个性化定制。而网络营销借助数据分析和个性化推荐算法，能够更准确地了解消费者的兴趣和偏好，提供个性化的产品推荐和定制化的购物体验。

因此，研究网络营销的策略能够帮助企业解决传统营销模式存在的问题，提高营销效果和效率。

二、研究目的

本研究的目的是对电子商务领域的网络营销进行深入的理论研究和实践探讨，并为企业提供科学的、系统的网络营销理论指导和策略建议。具体而言，本研究旨在实现以下几个目标：

网络营销的基本原理和关键要素：本研究将深入探讨网络营销的基本原理和关键要素，如市场定位、目标受众分析、产品定价、促销策略、品牌建设等。通过对这些要素的深入研究，企业可以更好地理解网络营销的核心概念和运作机制，为其网络营销活动提供科学依据。

网络营销策略的设计和实施：本研究将重点研究网络营销策略的设计和实施过程，包括市场调研、竞争分析、目标设定、渠道选择、内容创作、数据分析等环节。通过深入研究和实践探讨，本研究将提供一套科学有效的网络营销策略框架，帮助企业更精确地定位和设计自身的网络营销活动，提高其市场竞争力和业绩表现。

网络营销效果评估和优化：本研究将关注网络营销效果的评估和优化方法。通过对网络营销活动的数据分析和效果评估，企业可以了解其营销策略的实际效果，发现存在的问题和改进的空间，并及时优化和调整网络营销策略，提高其市场反应速度和营销效果。

推动网络营销理论的发展：本研究不仅致力于为企业提供实用的网络营销指导，还将推动网络营销理论的发展。通过深入研究和实践探索，本研究将为网络营销领域提供新的视角、理论框架和研究方法，促进网络营销理论的不断演进和创新。

第二节　研究综述

当今时代，随着网络技术的迅速发展和普及，电子商务已经成为了商业活动的重要组成部分。网络营销作为电子商务中的关键环节，更是引起了广泛的关注。以下将针对相关的理论和实践进行综述。

电子商务和网络营销的基础概念已经由众多研究者进行了深入探讨。电子商务的定义和特点及网络营销的概念和原理，都是当前研究的基础和出发点。同时，许多研究者也对网络营销在电子商务中的作用进行了深入分析，认为网络营销可以帮助企业更好地定位市场，理解消费者，从而提高销售和利润。比如 Kotler 等人的工作已经为我们提供了一个完整的理论框架。他们阐明了电子商务与传统商务的相似性和差异性，并指出网络营销的本质是使用互联网来创建与维护客户关系。

网络营销策略的制定是一个复杂的过程，涉及市场分析、目标定位、消费者行为分析、竞争分析等多个环节。相关的研究对这些环节进行了详细的阐述和探讨，为网络营销策略的制定提供了理论指导，比如上海交通大学安泰经济与管理学院王方华院长在《网络营销》一书中详细阐述了网络营销策略的形成过程，包括市场分析、消费者行为分析、竞争分析及差异化定位等步骤。

网络营销的实施也需要考虑多个关键要素。网站设计和用户体验、搜索引擎优化和搜索引擎营销、社交媒体营销、内容营销、数据分析等都是网络营销中不可或缺的部分。相关研究对这些要素进行了深入的探讨，提供了丰富的实践指导。

在电子商务中，移动营销策略也越来越受到重视。随着移动设备的普及，响应式网页设计、移动应用开发、移动广告、微信营销等成为了企业必须关注的重要环节。相关的研究对这些环节进行了系统的剖析和研究。

同时，网络营销的传播和推广策略也是一个重要的研究领域。数字营销传播、电子邮件营销、微博营销、口碑营销等都是网络营销的重要组成部分。浙江大学的李蓬教授的研究强调了社交媒体、电子邮件、微博及用户生成内容等方式在网络营销传播中的重要性。

此外，网络营销的客户关系管理策略也是一个重要的研究领域。客户关系管理的重要性、数据驱动的个性化营销、社交化客户关系管理等都是网络营销中的关键环节。相关的研究对这些环节进行了深入的探讨，为网络营销的实施提供了理论和实践的指导。

如何构建网络营销绩效评估指标体系，如何利用数据分析支持决策，如何优化和改进网络营销策略，都是当前研究的重要方向，很多国内外专家都对此发表了自己的看法，如 Kaplan和 Norton 的平衡计分卡模型为我们提供了一种综合的绩效评估方法，而 Davenport 的"数据驱动的决策"理论则强调了数据在网络营销策略优化中的重要性。。

总的来说，电子商务和网络营销是一个跨学科的研究领域，涉及市场营销、信息系统、计算机科学等多个学科的知识。目前的研究已经对这个领域进行了深入的探讨和实践，但还有许多问题和挑战需要进一步研究和解决。

第三节　研究方法和框架

（一）研究方法

文献综述：通过广泛的文献综述，收集、整理和分析相关的学术文献、行业报告和案例研究，以了解网络营销领域的研究现状、理论框架和实践经验。文献综述将为本研究提供理论和实践的基础，为后续的研究工作提供指导和参考。

实证研究：本研究将采用实证研究方法，通过问卷调查、深度访谈、实地观察等方式收集定量和定性数据，以探索和验证网络营销策略的有效性和影响因素。实证研究将提供对网络营销实践的实证支持和深入理解。

案例研究：通过选择具有代表性的电子商务企业，进行深入的案例研究。通过分析和解读这些案例，本研究将揭示成功的网络营销策略和实践经验，为其他企业提供借鉴和启示。

数据分析：本研究将使用统计分析方法和数据挖掘技术对收集到的数据进行分析。通过数据分析，可以发现网络营销策略的效果和关键因素，提供科学依据和建议。

（二）研究框架

研究框架是本研究的理论和概念基础，用于指导研究过程和分析结构。以下是本研究的研究框架的简要介绍。

电子商务和网络营销的理论框架：研究将基于电子商务和网络营销的理论框架，如市场定位理论、消费者行为理论、营销传播理论等。通过这些理论框架，研究将对网络营销的原理和关键要素进行深入分析和解释。

网络营销策略的研究框架：研究将构建网络营销策略的研究框架，包括市场分析与目标定位、消费者行为与需求分析、竞争分析与差异化定位、关键要素与策略选择等。这一研究框架将帮助本研究系统地探索网络营销策略的设计和实施过程。

数据分析和评估框架：研究将使用数据分析和评估框架，对网络营销的效果和影响因素进行分析和评估。这一框架将包括网络营销绩效评估指标的构建、数据收集和整理的方法，以及数据分析和结果解释的方法。

通过采用多种研究方法和研究框架，本研究旨在全面、深入地探索电子商务领域的网络营销，提供科学的理论指导和实践建议。这将为企业在网络营销中制定策略和做出决策提供有力支持，促进电子商务和网络营销领域的发展和创新。

第二章　电子商务与网络营销概述

第一节　电子商务的定义和特点

电子商务是一个随着互联网的发展而兴起的并不断演进的领域，涵盖了各种商业活动和交易方式。它在商业和社会领域产生了深远的影响，为商家和消费者提供了更多的便利和机会。

一、电子商务的定义

电子商务（Electronic Commerce，简称 e-commerce）是指利用互联网、移动设备和其他数字技术，通过电子方式进行商品和服务的买卖、支付、物流配送及相关活动的商业行为。

从广义上来看，电子商务涵盖了所有通过电子方式进行商业活动的范围，包括在线购物、在线支付、电子市场、电子商城、电子拍卖、电子供应链管理、在线广告等。广义的电子商务还包括政府部门提供的电子服务、网络银行、跨企业合作等与商业活动相关的各种活动。

狭义上的电子商务更加专注于通过互联网进行商品和服务交易的商业模式。它涵盖了以下几个方面：

（1）在线购物：消费者可以通过电子商务平台或商家的网站浏览和购买各种商品，无需实际前往实体店铺。

（2）在线支付：电子商务提供了多种在线支付方式，如信用卡、电子钱包、支付宝等，方便消费者安全地完成支付过程。

（3）电子市场和电子商城：电子商务平台提供了一个集中展示和销售商品的平台，供商家展示和销售产品，消费者可以在一个地方浏览多个商家的商品。

（4）电子拍卖：通过在线拍卖平台，商家和消费者可以参与竞拍过程，以最高价获得商品或服务。

（5）电子供应链管理：通过电子商务，企业可以管理和优化供应链，包括采购、库存管理、物流配送等环节，提高效率和降低成本。

（6）在线广告：电子商务为企业提供了在线广告的渠道和方式，帮助宣传和推广产品或服务。

狭义的电子商务强调了通过互联网进行商业交易的方面，注重了商家和消费者之间的交互和交易过程。它通过互联网的便捷性和全球化特性，打破了传统商业的地域限制，为商家和消费者带来了更多的便利和机会。

无论是广义还是狭义，电子商务都在商业领域产生了深远的影响，改变了传统商业模式，推动了商业活动的创新和发展。随着技术的不断进步和互联网的普及，电子商务将继续发展，并为商家和消费者带来更多的机遇和挑战。

二、电子商务的发展史

电子商务的发展史可以追溯到 20 世纪 70 年代末和 80 年代初，当时计算机技术和网络技术的发展为电子商务的兴起奠定了基础。电子商务的发展史可以大致分为以下几个阶段：

（一）20 世纪 60 年代—70 年代初

电子数据交换（EDI）的出现为电子商务打下基础。EDI 是一种电子数据交换的标准，用于在不同的计算机系统之间传输商业文档，如订单和发票。这种标准化的数据交换方式简化了商业交易的流程，成为后来电子商务发展的基石。

（二）20 世纪 80 年代

互联网的发展为电子商务提供了技术基础。1983 年，美国国家科学基金会建立了一个非商业性的计算机网络，称为 NSFNet，这是互联网发展的前身之一。此时，互联网主要用于学术和军事领域，商业应用尚不普及。

（三）20 世纪 90 年代—2000 年

20 世纪 90 年代初，互联网商业化和在线支付出现。1991 年，互联网被开放商业化，这使得商业机构和个人可以使用互联网进行商业活动。1994 年，互联网浏览器的诞生使得互联网的使用变得更加简单和广泛。同时，在线支付系统如 PayPal 的出现为在线交易提供了安全、方便的支付方式。

到了 20 世纪 90 年代中期，电子商务网站和电子商务平台兴起，许多公司开始建立自己的电子商务网站，通过互联网展示和销售产品。同时，一些电子商务平台如 eBay 和 Amazon 等开始崭露头角，为第三方卖家提供在线销售的平台和工具。

1995 年以后，全球大部分大企业和组织都建立了自己的网站，电子商务进入了快速发展的阶段。互联网的普及和技术的进步促使越来越多的人开始使用互联网进行商业交易。电子商务的重点从 B2C（企业对消费者）转向 B2B（企业对企业）和其他形式的电子商务，如 B2E（企业对员工）、协同商务、电子政务、远程教育和移动商务等。

进入 2000 年，电子商务快速发展。随着互联网的普及和技术的不断进步，电子商务在全球范围内迅速扩展。许多传统零售商开始进入电子商务领域，电子商务的市场规模不断增长。移动互联网的兴起进一步推动了电子商务的发展，人们可以通过移动设备随时随地进行在线购物和支付。

（四）2000 年至今

社交网络和移动应用的兴起为电子商务带来了新的机遇。社交网络的出现促使电子商务与社交媒体结合，通过社交网络平台进行推广和销售。移动应用的普及使得移动电子商务成为重要的发展方向，人们可以通过手机和平板电脑进行便捷的购物和支付。

电子商务的发展史充满了创新和变革，它改变了传统商业模式，推动了商业活动的数字化和全球化。随着技术的不断进步和消费者需求的变化，电子商务将继续发展，并在未来的商业领域发挥重要作用。

三、电子商务的特点

（一）随时随地的交易

与传统的实体店铺不同，电子商务不受地理和时间的限制，消费者可以在任何时间、任何地点进行购物，只需要一个互联网连接的设备。

传统实体店铺一般都有固定的营业时间，而电子商务则可以全天候营业，消费者无需在商家的营业时间内进行购物。无论是在午夜，清晨，还是在工作日的闲暇时段，消费者都可以在电子商务平台上随时随地购买商品或服务。这为消费者提供了极大的便利，也使得商家能够在24小时内进行销售，提高了销售的机会。

电子商务不受地理位置的限制，消费者可以在世界的任何一个角落进行购物，只需要一个能够连接互联网的设备。这意味着消费者不需要前往商店，也不需要担心距离和交通问题，他们可以在家里、在办公室、在公交车上、甚至在度假时进行购物。同样，商家也可以面向全球的消费者进行销售，无需考虑开设实体店铺的地理位置问题。

此外，电子商务平台通常支持实时交易，消费者可以即时购买商品或服务，不需要等待。而且，许多电子商务平台还提供实时客服，消费者在购物过程中遇到问题，可以及时获取帮助。在电子商务中，交易的各个环节——如查找商品、比较价格、下单购买、支付、接收订单确认等——都可以在线上连续完成，这使得整个购物过程更为流畅和高效。

总之，电子商务的"随时随地的交易"特点为消费者提供了极大的便利和灵活性，也为商家带来了更大的市场和更高的销售机会。

（二）巨大的信息量

电子商务的信息量巨大的特性使得它在提供产品信息方面具有显著优势。在传统的实体店铺购物中，消费者获取产品信息的方式主要依赖于店员的介绍或者产品包装上的有限信息。然而，在电子商务环境中，消费者可以访问到大量的产品信息，包括价格、规格、使用说明及来自其他消费者的评论等。这些信息可以帮助消费者更全面地了解产品，从而做出更明智的购买决策。

同时，这种丰富的信息环境也使得对产品的比较和筛选变得更为方便。在电子商务平台上，消费者可以轻松地比较不同产品的价格、规格等关键参数，而无需亲自跑到多家店铺进行比较。此外，通过设置各种筛选条件，消费者可以快速地将搜索结果缩小到符合自己需求的产品，大大节省了购物时间。

电子商务平台的用户评论和评分系统是消费者获取产品信息的重要途径。这些评论和评分通常是由购买过产品的消费者发布的，因此它们能够提供关于产品实际表现的第一手信息。这对于消费者来说是极其宝贵的，因为它们可以帮助消费者预测自己购买后可能的使用体验。同时，商家也可以通过这些反馈来改善产品和服务，更好地满足消费者的需求。

此外，电子商务还能够利用大数据和人工智能技术，根据消费者的购物历史和行为习惯，提供个性化的产品推荐。这不仅可以增加消费者的购物满意度，还可以提高电子商务平台的销售额。

虽然电子商务的巨大信息量为消费者和商家带来了诸多便利，但也存在一些挑战。例如，消费者如何在海量的产品信息中寻找到最有用的信息，以及电子商务平台如何防止虚假广告和虚假评论等欺诈行为，以及如何在提供个性化推荐的同时保护消费者的隐私，这些都是需要进一步研究和解决的问题。

（三）高效的交易过程

电子商务的高效交易过程是其核心优势之一，它的体现并不仅限于用户可以快速地搜索商品和购买。在传统的零售环境中，消费者可能需要花费大量时间去店铺购物，包括交通时间、寻找产品、排队支付等，这对时间敏感的现代消费者来说可能会造成不便。然而，电子商务通过优化和自动化许多交易环节，极大地提高了交易效率。

首先，消费者可以随时随地访问电子商务平台，进行商品搜索和比较，无需花费大量时间在实体店铺中寻找所需产品。通过输入关键词，消费者可以快速找到他们需要的商品，而强大的筛选和排序功能则能帮助消费者在海量商品中找到最符合他们需求的产品。

其次，在选择商品后，电子商务平台提供了一种简单快捷的在线支付方式，消费者可以选择信用卡、借记卡、移动支付、银行转账等多种支付方式。这种在线支付方式无需消费者排队等待，也不需要人工处理，大大加快了交易速度。

此外，电子商务还优化了商品配送过程。一旦完成支付，商家会立即处理订单，通过物流公司将商品快速送到消费者手中。许多电子商务平台还提供了订单跟踪功能，消费者可以实时查看订单状态，知道他们的商品何时能到达。

最后，电子商务平台通常提供一站式服务，包括售前咨询、售后服务、退货和换货处理等，这让消费者在整个购物过程中都能得到满意的服务。

总的来说，电子商务的高效交易过程，不仅给消费者提供了便利、快速的购物体验，也提高了商家的运营效率，使得商家可以更好地满足消费者的需求，提升竞争优势。

（四）个性化

在传统的零售环境中，由于受到信息获取和处理能力的限制，商家通常难以对每个消费者进行个性化服务。然而，在电子商务环境中，这一问题得到了有效解决。

电子商务企业能够收集和分析大量的用户数据，包括消费者的搜索历史、浏览记录、购买行为、用户反馈等。通过这些数据，电子商务企业能够洞察消费者的喜好和需求，从而提供个性化的产品推荐和服务。例如，电子商务平台可能会根据消费者的浏览和购买历史，向消费者推荐他们可能感兴趣的产品。

此外，越来越多的电子商务企业开始利用人工智能和机器学习算法，进一步提升个性化服务的水平。通过人工智能和机器学习算法，电子商务企业能够对大量的用户数据进行深度挖掘和智能分析，更精准地预测消费者的需求和行为，从而提供更精细化的个性化服务。例如，电子商务企业可以通过人工智能算法，自动生成个性化的商品推荐列表，甚至为每个消费者定制个性化的购物页面。

同时，电子商务企业也可以通过数据分析，提升售后服务的个性化水平。例如，电子商务企业可以根据消费者的购买历史和反馈，提供个性化的售后服务，如定制化的维修和保养方案，或者针对消费者可能遇到的问题，提供个性化的解决方案。

虽然个性化服务为消费者和商家带来了诸多便利，但也带来了一些挑战。例如，如何在提供个性化服务的同时，保护消费者的隐私和数据安全，如何避免过度个性化导致的消费者选择困境，如何处理和存储大量的用户数据等，这些都是需要电子商务企业面对和解决的问题。

（五）全球化

全球化是电子商务的另一重要特征，它打破了传统商业活动中地理位置的限制，使得交易行为不再受地域束缚。电子商务使企业有可能向全球范围内的消费者销售产品和服务，同样，消费者也可以在全球范围内选择和购买他们需要的产品和服务。

首先，对于企业来说，电子商务打开了一个全新的市场空间。无论企业的实际位置在哪里，只要有互联网连接，就可以建立自己的在线店铺，向全世界的消费者展示和销售产品。这极大地扩大了企业的潜在客户群，也使得中小企业有可能在全球市场上与大企业竞争。

其次，对于消费者来说，电子商务扩大了他们的购买选择。消费者不再受限于本地的商品和服务，他们可以轻松购买来自全球各地的产品，无论是特色商品，还是难以在本地获取的商品。这不仅提供了更丰富的购物体验，也使得消费者能够通过比较全球范围内的价格和质量，来获取更好的购物价值。

然而，全球化也带来了一些挑战。例如，如何处理跨国电子支付、如何保障跨国物流的效率和安全、如何解决跨国售后服务问题、如何应对跨国电子商务的法律法规差异等，这些都是电子商务全球化必须面对和解决的问题。因此，电子商务企业在享受全球化带来的利益的同时，也需要应对全球化带来的挑战，不断提升自己的全球化运营能力。

（六）低成本

电子商务的一大优点便是其相对较低的运营成本。传统的实体店铺通常需要大量的前期投入，如租赁或购买商业空间，装修店铺，采购货物，雇佣销售和管理人员等。此外，实体店铺还需要承担一些持续的运营成本，如租金、工资、公用事业费用等。相比之下，电子商务的这些成本要低得多。

电子商务企业通常只需要建立和维护一个在线平台，而这通常比租赁或购买实体空间要便宜得多。一些小型的电子商务企业甚至可以选择使用第三方的电商平台，进一步降低成本。

电子商务可以实现业务流程的自动化，大大减少了人力成本。例如，消费者可以自助浏览商品信息和下订单，企业可以通过自动化的系统来处理订单和支付，物流可以通过智能化的仓库和配送系统来实现。这些都大大降低了企业的人力成本。

然而，尽管电子商务的运营成本相对较低，但企业也需要承担一些特有的成本。例如，电子商务企业需要投入大量的资金和人力来维护网站的正常运行，提升网站的用户体验，进行网络营销活动，保护用户数据的安全等。而且，随着竞争的加剧，电子商务企业也需要不断提升自己的服务质量和品牌形象，以吸引和保留消费者，这也会带来一些成本。

电子商务的运营成本较低，这使得许多中小企业和创业企业有机会进入市场，促进了市场的竞争和创新。然而，要在电子商务市场中获得成功，企业还需要投入足够的资源和努力，不断提升自己的竞争力。

（七）交互性

交互性是电子商务的重要特性之一，它使得消费者和商家能够实现更直接和频繁的沟通。在传统的商业环境中，消费者通常只能通过有限的方式表达他们的需求和反馈，如通过电话或邮件与客户服务部门联系，或者在店铺中填写反馈表格。而在电子商务环境中，消费者可以更容易、更直接地表达他们的观点和需求。

电子商务网站通常会提供一些功能，这使得消费者可以对购买的产品进行评论和评价。这些评论和评价不仅可以帮助其他消费者做出购买决策，也可以为企业提供宝贵的反馈，帮助企业了解消费者的需求，改进产品和服务。此外，一些电子商务网站还提供了社区或论坛功能，这使得消费者可以互相交流购物经验，分享使用心得，甚至可以直接与企业进行互动。

当然，电子商务的交互性也带来了一些挑战。例如，如何管理大量的用户反馈，如何从海量的用户数据中提取有价值的信息，如何处理消费者的投诉和负面评论等。这需要电子商务企业不断提升自己的数据分析能力和客户服务能力。

总的来说，电子商务的交互性提供了一个平台，使得消费者和商家能够更直接、更频繁地进行沟通和交互。这既提升了消费者的购物体验，也为企业提供了更直接的反馈，帮助企业更好地满足消费者的需求。

四、电子商务的基本模式

电子商务的基本模式包括以下几种：

（一）B2C（Business-to-Consumer，企业对消费者）

B2C 模式是最常见的电子商务模式之一。在这种模式下，企业直接将产品或服务销售给最终消费者。消费者通过企业的电子商务网站或在线市场购买商品，完成在线支付，并由企业提供物流和配送服务。B2C 模式适用于零售商、品牌商和服务提供商等企业。

（二）B2B（Business-to-Business，企业对企业）

B2B 模式是指企业之间进行电子商务交易的模式。在 B2B 模式下，企业之间通过电子商务平台或专门的 B2B 网站进行交易。这包括供应商与制造商、批发商与零售商等之间的交易。B2B 模式通常涉及大宗商品、原材料和中间产品的交易，以满足企业的生产和经营需求。

（三）C2C（Consumer-to-Consumer，消费者对消费者）

C2C 模式是指消费者之间直接进行电子商务交易的模式。在 C2C 模式下，消费者可以在在线市场或拍卖网站上销售自己的产品或二手商品，也可以购买其他消费者的商品。C2C 模式提供了一个平台，使消费者能够互相交流、交易和分享商品。

（四）C2B（Consumer-to-Business，消费者对企业）

C2B 模式是指消费者向企业提供产品、服务或信息的模式。在 C2B 模式下，消费者通过电子商务平台或在线平台向企业提供自己的需求和服务，企业可以根据消费者的需求生产定制化产品或提供相关服务。C2B 模式适用于自由职业者、咨询顾问、独立设计师等个人提供服务的场景。

（五）O2O（Online-to-Offline，线上到线下）

O2O 模式是指将在线和线下渠道结合起来的模式。在 O2O 模式下，消费者可以在电子商务平台上浏览和选择商品或服务，然后在实体店铺或线下场所进行交易和消费。O2O 模式在零售、餐饮、旅游和生活服务等领域得到广泛应用，提供了线上线下融合的购物和消费体验。

除了以上基本模式，还有一些特殊的电子商务模式，如群组购买模式（Group Buying）、订阅模式（Subscription）、平台模式（Platform）等。这些模式根据不同的业务需求和市场特点，提供了更多的电子商务运营方式和商业模式选择。

第二节　网络营销的概念和原理

随着电子商务的迅猛发展和互联网的普及，网络营销已经成为了企业营销活动中不可或缺的一部分。网络营销，以其高效、精准和覆盖广泛等特点，正在深刻地改变着传统的营销模式。本节就对网络营销的概念、原理进行详细的阐述。

一、网络营销的概念

（一）网络营销的定义

网络营销，也被称为互联网营销或在线营销，是一种利用互联网的各种工具和资源进行产品或服务的推广的营销策略。网络营销的核心是通过互联网来建立和保持与消费者的关系，从而实现销售和营销目标。

网络营销的定义有许多，但它们的共同点是强调了互联网作为一个交互和通信的平台。一种常见的定义是：网络营销是一种通过应用互联网和相关的数字技术，在线环境中，结合设计、推广、销售和服务等功能，以达到顾客需求和满足组织目标的过程。也就是说，网络营销不仅仅是将传统的营销活动迁移到互联网上，而且需要充分利用互联网的特性，如交互性、即时性、全球化等，来制定和实施营销策略。

网络营销的形式多种多样，包括搜索引擎优化（SEO）、搜索引擎营销（SEM）、内容营销、社交媒体营销、电子邮件营销、移动设备营销等。这些形式可以单独使用，也可以结合使用，以最大限度地吸引和保留消费者，推动销售。

总的来说，网络营销是一种复杂的过程，需要对市场、消费者、互联网技术和营销策略有深入的理解和应用。但是，如果正确使用，网络营销有可能帮助企业更有效地达到营销目标，提高市场份额。

（二）网络营销与传统营销的区别

网络营销与传统营销在许多方面都有显著的区别，这主要是由互联网的独特性质和特点决定的。

首先，网络营销和传统营销的传播方式有明显区别。传统营销通常通过电视、广播、报纸、杂志等一对多的媒介进行信息的传播，消费者的反馈通道较为有限。然而，网络营销则利用互联网的互动性，能够实现实时、双向的沟通。消费者可以直接在社交媒体上、企业网站上或者电子邮件中对企业和产品进行反馈，企业也能迅速收到消费者的反馈并作出响应。

其次，网络营销的覆盖范围比传统营销更广。传统营销的覆盖范围通常受到媒介的物理限制，例如，电视和广播的信号覆盖范围，报纸和杂志的发行范围等。而网络营销则打破了这些限制，只要有互联网连接，企业就可以向全球的消费者进行营销。

再次，网络营销的精准度比传统营销更高。通过数据收集和分析，网络营销可以深入了解消费者的兴趣、行为和需求，从而提供更精准的个性化服务和推广信息。而传统营销往往只能根据一些粗略的人口统计数据划分目标市场和制定营销策略。

最后，网络营销的成本效益通常比传统营销更高。传统营销的媒介通常都需要较高的费用，如电视广告的播放费、报纸广告的版面费等。而网络营销则可以通过搜索引擎优化、社交媒体营销等低成本甚至无成本的方式进行。此外，网络营销的效果也更易于测量，企业可以通过网页浏览量、点击率、转化率等数据来评估营销活动的效果。

因此，网络营销与传统营销相比，具有互动性强、覆盖范围广、精准度高和成本效益高等优势。然而，这并不意味着网络营销可以完全取代传统营销。在实际操作中，企业通常会根据目标市场的特点和自身的资源状况，选择合适的网络营销和传统营销的结合方式，以实现最佳的营销效果。

（三）网络营销的主要形式

网络营销的形式多种多样，包括但不限于以下几种：

1. 搜索引擎营销（SEM）

这是一种通过提升网站在搜索引擎结果页（SERPs）中的可见度来吸引更多流量的策略。它可以分为搜索引擎优化（SEO）和付费点击（PPC）两部分。SEO 主要是通过优化网站内容和结构，提高其在搜索引擎自然搜索结果中的排名；而 PPC 则是通过购买广告，让网站出现在搜索结果的付费部分。

2. 内容营销

内容营销是一种通过创建和分享有价值、相关的内容，以吸引和保留明确的受众，并最终驱动他们进行盈利行动的策略。这种内容可以是博客文章、视频、播客、社交媒体帖子等。

3. 社交媒体营销

社交媒体营销是利用社交媒体平台（如微信、微博、小红书等）来进行品牌推广和产品销售的一种方式。企业可以通过发布吸引人的内容、参与用户对话、运行社交媒体广告等方式来吸引和互动用户。

4. 邮件营销

邮件营销是通过发送电子邮件给潜在或现有的客户来推广产品或服务的一种策略。这种形式的营销可以帮助企业维持与客户的联系，提高品牌认知度，推动销售。

5. 附属营销

附属营销（Affiliated Marketing）是一种基于业绩的营销策略，其中一方（被称为附属商、联盟成员或附属）通过推广和引导销售，为另一方（商家或广告主）获取销售或引流量，并获得相应的佣金或报酬。

附属营销的基本原理是建立一个合作伙伴关系网络，商家或广告主提供产品或服务，附属商则在自己的渠道上进行推广和销售，如网站、博客、社交媒体或邮件列表等。当附属商通过其推广活动成功引导消费者进行购买或执行特定的行动（如填写表单、注册等）时，商家或广告主会根据事先约定的佣金结构向附属商支付相应的佣金或报酬。

6.Influencer 营销

Influencer 营销即影响者营销，它是一种新兴的营销策略，通过与具有大量关注者的社交媒体影响者合作，借用他们的影响力来推广品牌或产品。

例如我们熟知的网红带货，就是影响者营销的一种形式。网红通常在视频、直播或社交媒体上展示和推荐产品，引导粉丝进行购买。他们可以直接展示产品的特点、使用方法和优势，分享购物心得和评价，从而影响粉丝的购买决策。

网红带货在电子商务领域中具有较大的影响力。由于网红拥有广泛的粉丝基础和强大的影响力，他们的推荐和推广可以在短时间内迅速传播和引起关注，带来大量的销售和曝光。这种形式的 Influencer 营销对于品牌推广和产品销售起到了重要的推动作用。

7. 移动营销

随着智能手机和平板电脑的普及，移动营销已经成为不可忽视的网络营销形式。移动营销可以包括移动应用的广告、短信和多媒体消息服务（SMS 和 MMS）的广告、移动搜索广告等。

以上这些形式的选择和使用取决于企业的目标、受众和资源。通常，成功的网络营销策略会结合使用多种形式，以最大化其覆盖范围和效果。

（四）网络营销的特点

网络营销具有以下几个特点：

1. 全球性

网络营销不受地理位置的限制，企业可以使用网络平台向全球的消费者推广产品和服务。同样，消费者也可以从全球任何地方购买产品或服务。

2. 实时性

网络营销可以实时进行，无需等待广告发布的日期或时间。企业可以立即发布广告，同时消费者也可以立即看到这些广告并对其进行响应。

3. 可互动性

网络营销使得企业和消费者之间的交流更为方便，可以实现双向的互动。消费者可以直接对产品或服务进行反馈，企业也可以根据消费者的反馈进行调整。

4. 个性化

通过收集和分析消费者的浏览历史、购买行为等信息，企业可以提供个性化的广告和服务，满足消费者的个性化需求。

5. 成本低，效益高

与传统的媒体广告相比，网络营销的成本更低，效益更高。企业不需要支付高昂的广告费用，只需要建立和维护一个网站或一个社交媒体账号。

6.可测量和追踪

网络营销的效果可以被精确地测量和追踪。通过使用各种工具，如 Google Analytics，企业可以了解广告的点击率、转化率、退访率等详细信息，这对优化广告策略非常有帮助。

这些特点使得网络营销成为现代企业营销策略的重要部分，通过有效利用网络营销的特点，企业可以在竞争激烈的市场环境中取得优势。

二、网络营销的原理

（一）网络效应理论

网络效应理论是指在网络结构中，随着网络参与者（用户、节点、客户等）的增加，网络的价值和效用会增加的现象和理论。

网络效应的核心思想是"价值与规模成正比"。随着更多的用户或参与者加入网络，网络的价值会呈指数级增长，从而吸引更多的用户加入，形成良性循环。网络效应可以通过以下几个方面进行解释：

1.直接网络效应

直接网络效应指在网络中的每个用户或节点加入后，直接给其他用户或节点带来的价值增加。例如，社交媒体平台上的用户越多，每个用户之间的互动和信息交流就越多，增加了平台的吸引力和价值。

2.间接网络效应

间接网络效应指通过用户之间的互动和连接所产生的价值增加。例如，电子邮件系统中的价值不仅取决于个体用户的使用，还取决于用户之间能够相互发送和接收电子邮件，以实现信息传递和沟通的效果。

3.多边网络效应

多边网络效应指在一个多边平台上，多个参与者之间相互依赖和互动，形成正向的价值循环。例如，电子支付平台上有足够的商家接受该支付方式，就会吸引更多的消费者使用，反之亦然。

网络效应对企业和市场具有重要影响：

第一，网络效应使得市场上的领先者或最早进入者能够积累更多的用户和参与者，形成竞争壁垒，从而在市场上形成垄断地位。随着用户规模的增加，新进入者很难与已有的领先者竞争。

第二，网络效应使得用户更倾向于使用已经具有较大用户基础的平台，形成用户的"锁定"效应。这使得用户更难转移到其他平台，增加了平台的稳定性和用户忠诚度。

第三，网络效应可以重塑传统产业的价值链和商业模式。例如，共享经济的兴起，通过网络平台将供需双方直接连接起来，实现资源的共享和优化利用。

第四，网络效应鼓励创新和新业务模式的出现。通过充分利用网络效应，企业可以更好地满足用户需求，提供更有吸引力的产品和服务。

总而言之，网络效应理论强调了网络参与者之间的互动和连接对于网络价值的增长和市场竞争的影响。了解和利用网络效应可以帮助企业更好地发展和运营，在数字经济时代获得竞争优势。

（二）网络整合营销理论

网络整合营销理论（Integrated Online Marketing Theory）是指将不同的在线营销工具、平台和渠道整合起来，以实现协同效应和综合营销策略的理论框架。它强调在线营销活动的整合和协调，以提高品牌曝光度、增加销售和提升市场竞争力。

网络整合营销理论的关键要点包括：

1. 多渠道整合

网络整合营销理论强调在不同的在线渠道和平台上进行整合营销活动。这包括搜索引擎营销（SEM）、搜索引擎优化（SEO）、社交媒体营销、电子邮件营销、内容营销等。通过将这些渠道整合在一起，企业可以实现信息的一致性、品牌的统一性和营销活动的协同效应。

2. 一体化传播

网络整合营销理论强调一体化传播的重要性。企业需要确保在不同的在线渠道和平台上，传播的信息和信息的呈现方式是一致的。这可以提高品牌的认知度和知名度，增强品牌形象的一致性。

3. 数据驱动决策

网络整合营销理论强调通过数据分析来指导决策。通过收集和分析不同在线渠道和平台上的数据，企业可以了解不同渠道的效果和消费者的行为。这有助于优化营销策略、调整资源分配和提高 ROI（投资回报率）。

4. 跨渠道互动

网络整合营销理论强调跨渠道的互动和互补。企业可以利用不同渠道之间的互动效应，通过跨渠道的链接和引导，促使消费者在不同平台上进行互动和参与。这可以增加消费者的参与度和忠诚度。

5. 用户体验优化

网络整合营销理论强调优化用户体验。通过整合不同的在线渠道和平台，企业可以提供一致的、个性化的用户体验。这包括提供方便的导航、响应迅速的网站、个性化的推荐和定制化的服务等。

通过网络整合营销理论，企业可以将不同的在线渠道和平台整合在一起，实现协同效应和综合营销策略。这有助于提高品牌的曝光度、增加销售和提升市场竞争力。通过数据驱动的决策和跨渠道互动，企业可以更好地了解消费者需求，优化营销策略，并提供优质的用户体验。

（三）软营销理论

软营销理论是指一种通过软性手段和方法，以引起消费者兴趣、建立品牌形象和促进销售的营销策略和理论。与传统的直接推销和硬性销售相比，软营销更注重品牌营销、情感营销和用户体验。软营销理论的核心思想是以消费者为中心，通过与消费者建立情感连接和积极互动，从而潜移默化地影响消费者的购买决策。软营销强调以下几个关键要点：

1. 品牌建设

软营销注重品牌形象的塑造和传播。通过情感化的品牌故事、品牌价值观的传达及与消费者的情感共鸣，企业可以建立独特的品牌形象，使消费者对品牌产生认同感和忠诚度。

2.故事营销

软营销通过讲述故事和创造情感共鸣，以吸引消费者的注意力和兴趣。通过讲述有趣、引人入胜的故事，企业可以引发消费者的共鸣和情感连接，增加消费者对产品或品牌的关注和认可。

3.社交媒体营销

软营销利用社交媒体平台进行推广和营销活动。通过与消费者的互动、分享有趣的内容和鼓励用户生成内容，企业可以在社交媒体上建立品牌存在感和口碑效应，从而吸引更多的消费者参与和购买。

4.用户体验

软营销注重提供良好的用户体验。通过产品的设计、服务的提供及与消费者的互动，企业可以创造出愉悦、便捷和个性化的购物体验，提升消费者的满意度和忠诚度。

5.影响力营销

软营销利用社交影响力和意见领袖的力量，通过他们对产品或品牌的认可和推荐，间接地影响消费者的购买决策。通过合作或赞助社交媒体上的意见领袖或网红，企业可以扩大品牌影响力和市场覆盖范围。

软营销理论强调以消费者为中心，通过情感连接和积极互动来影响消费者行为。它注重品牌形象的塑造、故事营销、社交媒体的活跃参与、用户体验的提升及影响力营销的运用。通过软营销，企业可以更加细致地理解和满足消费者的需求，建立持久的品牌关系，并提升市场竞争力。

（四）网络关系营销理论

网络关系营销理论（Online Relationship Marketing Theory）是一种营销理论，强调通过建立和维护与消费者之间的互动和关系，实现长期的合作和忠诚。它适用于互联网和数字化时代，注重利用网络平台和工具来建立紧密的、个性化的关系，并通过这些关系来促进销售、增加客户满意度和忠诚度。网络关系营销理论主要体现在以下几个方面：

1.个性化互动

网络关系营销理论强调与消费者的个性化互动。通过收集和分析消费者的数据和行为，企业可以提供定制化的营销活动和个性化的服务。个性化互动可以增加消费者的参与度和忠诚度，并建立长期的关系。

2.社交媒体和在线社区

网络关系营销理论充分利用社交媒体和在线社区的力量。通过参与和建立在线社区，企业可以与消费者进行互动、分享有用的信息和建立信任关系。社交媒体和在线社区提供了平台，使企业能够更直接地与消费者沟通和交流。

3.客户参与和反馈

网络关系营销理论强调消费者的参与和反馈。通过鼓励消费者参与产品设计、评价和共享经验，企业可以增加消费者的忠诚度和满意度。消费者在参与的过程中，他们感受到被重视和被听取的价值，从而建立更强的关系。

4.数据驱动决策

网络关系营销理论强调通过数据分析来指导营销决策。通过收集和分析消费者行为和偏好的数据，企业可以更好地了解消费者的需求和偏好，优化营销策略和个性化推荐，提供更有价值的产品和服务。

5.忠诚度和长期关系

网络关系营销理论的目标是建立长期的关系和忠诚度。通过持续的互动、个性化的关怀和提供有价值的体验，企业可以赢得消费者的忠诚度，使其成为长期的合作伙伴。

网络关系营销理论强调建立个性化、互动和持久的关系，以满足消费者的需求和建立品牌忠诚度。通过社交媒体、在线社区和个性化互动，企业可以与消费者建立更紧密的关系，并通过这些关系来促进销售和持续的业务增长。

（五）全球营销理论

全球营销理论是指针对全球市场和全球化经济环境的营销理论和实践。随着全球化的加速和国际贸易的增长，企业需要面对更加竞争激烈的全球市场，并采取适应性强、跨文化的营销策略。全球营销理论的主要特点和原则包括：

第一，本土化与全球化结合。

全球营销理论强调在跨国经营中，要平衡本土化和全球化的需求。企业需要适应不同国家和地区的文化、法律、消费习惯等因素，同时也要利用全球资源和经验，实现规模效益和全球品牌影响力。

第二，跨文化市场研究。

全球营销理论强调进行跨文化市场研究，了解不同国家和地区的消费者需求、市场趋势和竞争环境。企业需要了解不同文化背景下的消费者行为和偏好，以制定针对性的营销策略。

第三，统一品牌与本地化宣传。

全球营销理论中，企业通常会建立统一的全球品牌形象，以实现品牌认知和品牌价值的传递。然而，企业也需要在不同市场进行本地化的宣传和推广，以适应当地消费者的文化和语言特点。

第四，全球供应链管理。

全球营销理论关注供应链管理的重要性。企业需要有效管理全球供应链，确保产品的高质量、可靠供应和适时交付，以满足全球市场的需求。

第五，全球品牌管理。

全球营销理论注重全球品牌管理的策略和实践。企业需要制定全球一致的品牌战略，同时也要根据不同市场的特点进行品牌定位和传播策略的调整。

第六，跨国团队合作。

全球营销理论中，跨国团队合作被认为是成功的关键。企业需要建立跨文化、跨地域的团队，共同合作，共享知识和经验，实现全球市场的协同运作。

全球营销理论的目标是帮助企业在全球市场中取得竞争优势，实现全球化战略的成功。通过深入了解全球市场的特点和需求，制定适应性强的跨文化营销策略，建立和维护全球品牌形象和关系，企业可以在全球竞争中获得长期的市场份额和利润增长。

（六）长尾理论

长尾理论（The Long Tail Theory）是由克里斯·安德森（Chris Anderson）提出的概念，指的是在互联网和数字经济时代，由于低成本的数字化生产和分发技术的出现，销售量较低的长尾产品可以通过大规模的市场累积起来，形成可观的收入和利润。

长尾理论的核心思想是传统零售模式的需求曲线呈现出头重脚轻的分布，即少数热门产品的销售量很大，而大多数产品的销售量相对较低。然而，随着互联网的普及和数字技术的发展，消费者可以通过在线渠道轻松访问到各种产品和服务，不再受限于传统实体店面的有限空间和库存成本。

长尾理论对商业和市场产生了重要影响：

1. 产品多样性和个性化

长尾理论促进了产品的多样性和个性化定制。由于互联网提供了广泛的销售渠道，企业可以满足更加细分和个性化的消费者需求，推出更多种类的产品和服务。

2. 市场扩大和细分

互联网为企业打开了全球市场，消除了地域限制。长尾理论使得市场规模得以扩大，即使是销售量相对较低的产品，也能通过全球范围内的潜在消费者获取销售机会。

3. 长尾经济

长尾理论提倡利用互联网和数字技术实现长尾产品的销售和分发，形成长尾经济。长尾经济强调大量低销售量的产品的累积效应，这些产品单个销售量可能不高，但累计起来占据了市场的很大比重，从而形成可观的销售额和利润。

4. 个人创业和小企业机会

长尾理论为个人创业者和小企业提供了更多机会。由于互联网和电子商务的发展，个人和小型企业可以利用在线平台和市场，直接接触消费者，实现产品销售和业务发展。

长尾理论对于企业营销策略、产品策划和市场定位具有启示意义。企业可以通过了解消费者需求的细分和个性化趋势，设计和提供更适应长尾市场的产品和服务，通过互联网渠道实现销售和商业成功。同时，消费者也能从长尾理论中受益，获得更多选择和个性化的购物体验。

第三节　网络营销在电子商务中的作用

目前，网络营销已经成为企业推广商品和服务、提高品牌知名度、建立与消费者联系的重要手段。特别是在电子商务领域，网络营销的重要性更是不言而喻。电子商务的成功很大程度上取决于有效的网络营销策略。本节的主要目的就是探讨网络营销在电子商务中的作用。

一、网络营销在电子商务中的作用

（一）提高品牌知名度

网络营销在电子商务中的一个重要作用是帮助企业提高品牌知名度。通过适当的网络营销策略，企业可以使其品牌和产品广为人知，从而吸引更多的潜在消费者，提高销售额。

搜索引擎是许多消费者获取信息的主要途径。通过搜索引擎优化，企业可以提高其网站在搜索结果中的排名，从而吸引更多的访问者。此外，通过搜索引擎营销，如 Google Ads 或 Bing Ads，企业可以在搜索结果中放置付费广告，进一步增加其品牌的曝光度。

社交媒体平台如微博、抖音、小红书等，是消费者分享和获取信息的重要场所。通过在这些平台上发布吸引人的内容，企业可以吸引大量的关注者，增加品牌的曝光度。此外，许多社交媒体平台还提供了广告服务，使企业可以更准确地将广告推送给目标消费者。

内容营销是通过创建和分享有价值的内容，吸引和保持消费者的一种营销策略。这些内容可以是博客文章、电子书、视频、信息图表等。通过提供有价值的内容，企业不仅可以吸引消费者，还可以建立自身的专业形象，增强品牌的声誉。

虽然电子邮件营销是一种相对较老的网络营销方式，但其效果依然不可小觑。通过定期发送产品更新、优惠信息、有价值的内容等给消费者，企业可以保持与消费者的联系，提醒消费者其品牌的存在。

此外，企业还可以通过与其他相关企业建立合作关系，共同进行网络营销，扩大品牌的影响力。例如，企业可以通过联盟广告或赞助合作，将其品牌展示在合作企业的网站或产品上。

通过各种网络营销策略，企业可以大幅度提高其品牌知名度，从而在竞争激烈的电子商务市场中取得优势。然而，提高品牌知名度不仅需要吸引消费者的注意，还需要提供优质的产品和服务，才能赢得消费者的信任和忠诚，实现长期的成功。

（二）促进销售

网络营销能够在短时间内将产品信息快速地传递给大量的消费者。例如，通过在线广告投放，将产品和促销信息展示给潜在客户群体。可以选择在搜索引擎、社交媒体平台、行业网站等投放广告，以吸引用户的注意力并推动销售。在线广告可以使用吸引人的图像、引人注目的标题和明确的促销活动，以鼓励用户点击广告并进行购买。通过发送电子邮件新闻通讯、促销活动等，直接与潜在客户建立联系，并向他们提供产品和特价促销信息。确保电子邮件内容个性化、有吸引力，并提供独家优惠或限时促销，以增加用户的购买意愿和行动。利用社交媒体平台与潜在客户进行互动，并推广产品和促销活动。发布有吸引力的内容、与用户互动和回答他们的问题，以增加用户对产品的兴趣和信任，进而促进销售。又如，将产品上架到知名的虚拟商店和市场平台，如亚马逊、阿里巴巴、京东等，可以让更多的潜在客户发现和购买您的产品。这些平台拥有大量的用户和流量，通过优化产品页面、提供详细的产品描述和图片，以及参与平台的促销活动，可以增加产品的曝光度和销售机会。

网络营销可以通过各种各样的营销方式帮助电子商务企业，驱动销售，提高利润。

（三）准确市场定位

网络营销还可以帮助企业更准确地定位市场，理解并满足消费者的需求。例如，通过在线调研、问卷调查、焦点小组讨论等方式，收集消费者的意见、喜好和需求。了解消费者的特点、购买行为和购买动机，可以帮助企业更好地定位市场，并针对目标受众开展相关的网络营销活动。通过分析消费者的在线行为数据，如网站浏览记录、购买历史、搜索关键词等，可以获得有关消费者的更多信息。这些数据可以帮助企业了解消费者的兴趣、偏好和需求，从而进行更精准的市场定位和目标受众定位。利用社交媒体平台提供的数据分析工具，了解目标受众的社交媒体行为，如关注的话题、参与的群体、喜欢和分享的内容等。这些数据可以帮助企业更好地理解目标受众的兴趣和偏好，以便制定更具针对性的网络营销策略。

同时，基于对目标受众的深入了解，通过个性化营销策略提供定制化的产品和服务。根据消费者的兴趣和购买历史，向他们推荐相关的产品和促销活动，提高购买的转化率和顾客满意度。

利用地理定位技术，根据消费者的位置信息提供特定区域的促销活动和服务。例如，基于用户的地理位置向他们推送当地商家的优惠券、特别活动或个性化的推荐内容，以满足消费者的具体需求。

网络营销还可以通过对竞争对手的营销活动进行分析，了解他们的目标受众和市场定位。这可以帮助企业更好地理解市场的竞争环境，并找到自己的差异化定位，以脱颖而出并吸引目标受众。

通过以上策略的综合运用，企业可以更准确地定位市场和目标受众，并提供针对性的网络营销活动，满足消费者的需求，提高销售转化率和顾客满意度。

（四）客户关系管理

网络营销还可以帮助企业建立并维护与消费者的关系。例如，通过收集和分析消费者的数据，企业可以了解消费者的喜好、兴趣和购买习惯。利用这些数据，企业可以向消费者提供个性化的推荐、优惠和建议，以满足他们的特定需求。个性化营销不仅能够增加消费者的满意度，还能增强他们对品牌的忠诚度，建立长期的关系。

通过建立电子邮件订阅系统，企业可以与消费者保持定期的联系。通过发送定制的电子邮件通讯、促销信息和产品更新，企业可以向消费者提供有价值的内容，并保持品牌在消费者心中的存在感。定期的电子邮件沟通可以建立稳固的关系，增强消费者对品牌的忠诚度。

在社交媒体平台上，企业可以与消费者进行实时互动。消费者可以在评论、点赞、分享和回复的方式上与品牌进行交流。企业可以及时回应消费者的问题和反馈，展示关心和关注的态度，增强消费者对品牌的信任和忠诚度。

网络营销提供了多种渠道让消费者与企业进行联系和沟通。通过电子邮件、在线聊天、社交媒体私信等方式，企业可以提供快速响应和个性化的客户服务和支持，及时解决消费者的问题和疑虑，提供优质的服务体验，可以建立良好的品牌形象和消费者关系。

通过讲述品牌故事和分享有价值的内容，企业可以与消费者建立情感联系。借助文章、博客、视频等形式，企业可以向消费者传递品牌的价值观、使命和理念，增强品牌的认可度和亲和力。消费者在与品牌共鸣的同时，也会更倾向于与品牌建立和维护关系。

总之，运用网络营销，企业可以建立和维护与消费者之间的积极关系。这种关系不仅有助于提高消费者的满意度和忠诚度，还为企业提供了重要的口碑传播和品牌推广的渠道。

（五）增加交易的便利性

网络营销增加了电子商务中交易的便利性。

首先，通过互联网和网络营销，消费者可以轻松地获取丰富的产品信息。他们可以借助访问电子商务网站、品牌网站、社交媒体和在线评论等渠道，了解产品的特点、功能、规格、价格和促销信息。这使消费者能够更全面地了解产品，做出更明智的购买决策。

其次，网络营销使消费者能够方便地比较不同品牌和零售商的产品价格。消费者可以在不同的电子商务网站、比价网站和在线平台上查找和对比价格，以找到最佳的购买选项。此外，网络营销还提供了各种促销活动和优惠券，消费者可以通过订阅电子邮件、关注社交媒体和参与在线活动等方式获取折扣和优惠信息。

再次，网络营销为消费者提供了查看和阅读其他消费者的评价和体验的机会。消费者可以通过在线评论、评级和社交媒体分享了解其他人对产品的意见和建议。这使消费者能够更好地了解产品的优点和缺点，并对产品的质量和性能有更准确的认识。

最后，网络营销使消费者能够随时随地进行在线购买，这极大地提高了购买的便利性。消费者不再受限于实体店的营业时间和地理位置，可以通过电子商务网站、移动应用程序和社交媒体购物功能，随时浏览和购买产品。在线支付系统的安全性和便捷性也为消费者提供了安心和方便的购物体验。

综上，网络营销为消费者带来了便利、透明和多样化的购物体验。消费者可以更轻松地获取产品信息、比较价格、了解其他消费者的评价，并通过在线购买享受便捷的交易过程。这使得消费者能够更加明智地做出购买决策，并获得满意的购物体验。

二、网络营销在电子商务中面临的挑战与应对策略

（一）面临的挑战

1. 数据安全和隐私保护问题

网络营销在电子商务中面临的挑战之一是数据安全和隐私保护问题。随着互联网的快速发展和数据的广泛应用，个人和企业的数据面临着越来越大的风险和威胁。以下是对这一挑战的详细阐述：

（1）数据泄露风险

在网络营销中，企业收集和处理大量的用户数据，如个人信息、购买记录、搜索历史等。这些数据的泄露可能会导致用户隐私受到侵犯，给用户带来损失，并对企业的声誉和信任造成严重影响。黑客攻击、内部员工的不当行为、技术漏洞等都可能导致数据泄露的风险。

（2）法律法规要求

随着数据保护法律和隐私规范的不断完善，企业在进行网络营销时必须遵守相应的法律法规要求。例如，欧洲的《通用数据保护条例》（GDPR）和加利福尼亚州的《加利福尼亚州消费者隐私法案》（CCPA）等法规对个人数据的收集、使用和保护提出了严格的要求。企业需要投入大量的资源和精力来确保其网络营销活动符合相关的法律和规定。

（3）用户的信任与反感

用户对于数据隐私和安全问题越来越关注，对于过度收集和滥用个人信息的行为持有负面看法。如果企业在网络营销中没有明确的隐私政策、透明的数据使用方式和安全措施，用户可能会对其产生不信任感，并选择不参与或抵制其产品和服务。因此，建立信任和保护用户隐私成为网络营销的重要任务。

（4）安全技术和资源投入

为了应对数据安全和隐私保护的挑战，企业需要投入大量的资源来采取有效的安全技术和

措施。这可能包括建立安全的数据存储和传输系统、加密敏感数据、进行定期的安全审核和漏洞扫描、培训员工等。同时，企业还需要跟踪技术的发展，及时采取措施来防范新出现的安全威胁和漏洞。

（5）数据伦理和道德问题

在网络营销中，企业需要在使用用户数据时考虑伦理和道德问题。滥用用户数据、进行偷偷搜集和跟踪用户行为等行为都会损害用户的权益和企业的声誉。因此，企业应该制定明确的数据使用政策，遵循道德准则和最佳实践，保护用户的权益和隐私。

面对这些挑战，企业应该将数据安全和隐私保护作为网络营销的首要任务。通过制定健全的数据安全政策、法规措施和透明的隐私政策，以及投入适当的资源和技术，企业可以最大程度地降低数据安全风险，并增强用户的信任和满意度。此外，与专家合作，及时更新和遵守相关的法律和规定也是至关重要的。

2.信息过载问题

信息过载是指在一个特定的时间和空间范围内，个体或组织所接收的信息量超过其处理和理解能力的情况。随着信息技术的迅速发展和数字化媒体的普及，人们面临着大量的信息来源和内容，包括文本、图片、视频、音频等形式的信息。这些信息源涵盖了各种主题和领域，涉及新闻、娱乐、商业、科技、社交等多个方面。信息过载的发生主要是因为个体或组织无法有效处理和消化大量的信息，从而导致信息获取、理解和应用的困难。

在电子商务中，网络营销面临的一个重要挑战是信息过载问题。只要接触网络，消费者就面临着大量的广告、推广信息和产品内容，这可能使他们感到困惑和厌烦。

在网络营销中信息过载主要涉及以下几个方面：

（1）广告和促销信息

消费者在浏览网页、使用社交媒体、查看电子邮件等过程中会遭遇大量的广告和促销信息。这些信息可能来自不同的品牌和商家，涵盖各种产品和服务。消费者需要花费大量时间和精力筛选和理解这些信息，以确定哪些信息是真实、相关和可靠的。

（2）产品选择和比较

电子商务平台提供了大量的产品选择，消费者需要在众多选项中进行比较和选择。他们需要浏览产品的描述、功能、规格、价格和评价等信息，以做出最佳的购买决策。然而，当产品选择过多时，消费者可能感到困惑和不知所措，导致决策困难和延迟。

（3）评论和评价

消费者越来越依赖他人的评论和评价来做出购买决策。然而，随着评论和评价的数量不断增加，消费者可能面临阅读和理解大量评论的困难。此外，存在一些虚假或有偏见的评论，消费者需要辨别真实和可靠的信息。

（4）信息碎片化和分散化

网络上的信息呈现碎片化和分散化的特点。消费者需要从多个渠道和来源获取相关信息，包括搜索引擎、社交媒体、品牌网站、电子商务平台等。这使得消费者需要花费更多的时间和精力来整合和理解信息。

面对信息过载问题，消费者可以采取以下策略来应对：

第一，设定明确的购买目标。消费者可以在购买前设定明确的目标和需求，以便筛选和比较信息时更有针对性。明确的购买目标可以帮助消费者关注重点，减少信息的干扰和分散。

第二，依靠可靠的信息源。选择可靠的品牌和商家，关注官方网站、权威媒体和专业评论等可靠的信息源。这些信息源提供的信息更可信和准确，有助于消费者做出明智的购买决策。

第三，利用筛选和比较工具。利用搜索引擎的筛选和比较功能，消费者可以快速缩小产品范围，并将关注点放在最相关的选项上。比较网站和应用程序也可以提供产品价格、评价和功能的对比，帮助消费者做出决策。

第四，依赖个性化推荐。许多电子商务平台和社交媒体提供个性化推荐功能，根据消费者的兴趣和偏好推荐相关的产品。消费者可以根据个性化推荐获得更精准和符合自己需求的产品信息。

第五，依靠社交媒体和口碑。消费者可以利用社交媒体平台和在线社区，获取其他消费者的意见和建议。然而，消费者需要注意筛选信息，并关注来自可信赖的用户和专业意见的评价。

第六，自我教育和研究。消费者可以通过自我教育和研究来增加对产品和市场的了解。阅读产品评论、专业文章和行业报告等可以帮助消费者获得更全面和深入的信息，增加购买决策的准确性。

信息过载问题是网络营销中的一个挑战。消费者可以采取上述策略来应对信息过载，以帮助他们更有效地获取和理解相关信息，做出更明智的购买决策。同时，企业也可以通过个性化推荐、信任建立和提供可靠的信息等方式，为消费者解决信息过载问题，并提供更好的购物体验。

3.客户信任问题

网络营销在客户信任方面可能面临以下问题：

（1）隐私和数据安全

在网络营销中，企业需要收集和处理消费者的个人信息。然而，隐私和数据安全问题是消费者在提供个人信息时最关注的问题之一。如果企业无法保护消费者的个人信息免受数据泄露、黑客攻击或滥用，消费者的信任将受到严重影响。

（2）欺诈和虚假宣传

网络上存在大量的欺诈行为和虚假宣传，包括虚假广告、误导性信息和不当销售手段等。这些行为损害了消费者对品牌和企业的信任，使消费者对网络营销活动持怀疑态度，并对产品和服务的真实性产生疑虑。

（3）信息透明度和真实性

消费者对于获得真实和准确的信息持有高度期望。然而，网络营销中存在信息透明度和真实性的问题，包括隐藏费用、夸大产品功能、刻意删除负面评价等行为。这些不诚信的做法会破坏消费者对品牌和企业的信任。

（4）虚拟互动和人性化缺失

网络营销通常涉及虚拟互动，消费者与企业之间缺乏面对面的实际交流和互动。这可能导致消费者对企业的信任感受到影响，因为他们无法获得真实的人性化体验和个性化服务。

（5）信息过载和滥用

网络上存在大量的广告和推广信息，消费者往往面临信息过载的问题。有些企业可能滥用网络营销手段，通过频繁发送垃圾邮件、过度营销和打扰消费者的方式，对消费者造成困扰和使消费者厌烦，从而破坏消费者对企业的信任。

针对这些问题，企业可以采取以下策略来建立和增强客户的信任：

第一，加强数据安全和隐私保护。

企业应采取有效的措施来保护消费者的个人信息，包括加密技术、安全存储和传输系统、合规性政策等。同时，企业应透明地告知消费者其数据使用方式，获取明确的同意，并遵守相关的数据保护法律和法规。

第二，提供真实和准确的信息。

企业应确保其在网络营销中提供的信息真实、准确、透明，避免虚假宣传和误导性信息。清晰地说明产品的特点、价格、退款政策等重要信息，避免隐藏费用和夸大宣传。

第三，建立品牌信誉和口碑。

企业应注重建立良好的品牌信誉和口碑。通过提供优质的产品和服务、及时解决客户问题、积极回应消费者的反馈和评价等方式，树立品牌的可信度和可靠性。

第四，个性化和人性化体验。

尽可能地提供个性化和人性化的网络营销体验。通过个性化推荐、定制化服务、快速响应客户需求等方式，增强消费者与企业之间的互动和关系。

第五，强调透明度和沟通。

企业应建立透明的沟通渠道，及时回应消费者的问题和关注。提供清晰的联系信息和客户支持渠道，使消费者能够与企业进行沟通和交流，增强信任和满意度。

（二）如何维持和提升网络营销效果的策略和建议

1. 持续监测和分析数据

利用分析工具和指标，持续监测和分析网络营销活动的数据。关注关键指标，如网站流量、转化率、社交媒体参与度、电子邮件开封率等，以评估营销效果。根据数据的反馈，发现潜在问题和机会，并进行优化和调整。

2. 优化用户体验

提供优质的用户体验是提升网络营销效果的关键。确保网站易于导航、加载速度快，提供清晰的产品信息和购买流程。在社交媒体和电子邮件营销中，编写引人入胜、有趣且有价值的内容，确保良好的视觉设计和排版，以吸引用户的兴趣和参与。

3. 强化社交媒体互动

积极参与社交媒体平台，与用户进行互动和交流。回复用户的评论和提问，分享有趣和有价值的内容，鼓励用户生成和分享与品牌相关的内容。建立真实、积极的社交媒体形象，增强用户对品牌的认知和好感。

4. 创造引人注目的内容

生产高质量、有吸引力的内容，以吸引用户的注意力和兴趣。内容可以采用多种形式，如文章、博客、视频、图像等。确保内容与目标受众的需求和兴趣相关，并提供有益的信息、解决问题或提供娱乐价值。

5.提供独特的价值和优惠

在竞争激烈的市场中，提供独特的价值和优惠是吸引用户和保持竞争优势的关键。这可以包括独家促销、限时优惠、特殊奖励或定制化服务，通过不断提供独特的价值，激发用户的兴趣和购买欲望。

6.持续改进和创新

网络营销是一个不断变化和发展的领域。持续改进和创新是提高效果的关键。关注市场趋势和竞争动态，不断寻求新的营销渠道、策略和工具。尝试新的营销方法、测试不同的内容形式和推广方式，并根据反馈和数据结果进行优化和调整。

7.建立信任和长期关系

在网络营销中，建立信任和长期关系是至关重要的。通过提供高质量的产品和服务、诚实和透明的沟通、及时响应用户需求和关切，建立用户对品牌的信任。通过定期的客户关怀和个性化的沟通，维持与用户的长期关系。

综上所述，要维持和提升网络营销的效果，需要持续监测和分析数据、优化用户体验、个性化推荐、强化社交媒体互动、创造引人注目的内容、提供独特的价值和优惠、持续改进和创新，以及建立信任和长期关系。这些策略和建议可以帮助企业提高网络营销的效果，吸引用户、提高转化率，并建立品牌的竞争优势。

第三章 网络营销策略的基础理论

第一节 市场分析与目标定位

随着互联网的快速发展和数字化媒体的普及，网络营销成为了企业在电子商务领域中提升品牌知名度、促进销售和实现市场竞争优势的关键手段之一。然而，要在激烈的市场竞争中取得成功，企业需要深入了解市场和消费者，精确把握市场需求和趋势，并准确地将自身定位于目标客户群体中。市场分析和目标定位作为网络营销策略的基础理论，对企业在电子商务领域的成功至关重要。通过细致的市场分析，企业能够了解市场的规模、趋势和竞争状况，切实把握市场机遇和挑战。同时，通过精准的目标定位，企业能够找到最具潜力和价值的客户群体，针对其需求和偏好进行精确营销和传播，从而实现与目标客户的深度互动和建立长期关系。

一、市场分析

（一）市场分析的含义

市场分析是一种研究过程，目的是获得对特定市场或行业内的主要趋势、竞争环境、潜在客户及其他相关因素的深入理解。市场分析有助于企业了解并预测其面临的商业环境，以做出更有效的策略决策。市场分析通常包括以下几个关键部分：

1.市场规模

市场规模是指特定市场中的总体销售额或需求量。了解市场规模对于企业制定战略和评估市场机会非常重要。市场规模的确定需要综合考虑多个因素，包括客户数量、购买力及对产品或服务的需求。

首先，了解市场的客户数量是确定市场规模的基础。这可以通过人口统计学数据和市场调研来获取。人口统计学数据可以提供特定地区或人群的人口数量，而市场调研可以帮助了解特定市场中的目标客户数量。其次，购买力是另一个重要的考虑因素。了解目标市场中客户的购买力有助于确定他们在市场中的消费能力。这可能涉及研究目标市场的经济指标、收入水平及消费习惯等因素。此外，了解目标市场对产品或服务的需求量也是确定市场规模的关键。通过市场调研、竞争对手分析和消费者行为研究等方法，企业可以了解目标市场中对产品或服务的需求程度和趋势。

通过综合考虑客户数量、购买力和需求量等因素，企业可以获得一个相对准确的市场规模估计。这有助于企业制定战略、定位自身在市场中的角色，并确定目标市场的优先级。市场规模的了解也可以帮助企业评估市场的潜力和发展趋势，为业务决策提供依据。

2.市场细分

市场细分是将整个市场划分为若干具有相似需求和特征的小型市场群体的过程。通过市场细分，企业可以更好地理解不同细分市场的需求和偏好，并根据其独特的特征来制定有针对性的市场营销策略。以下是市场细分的一些常见因素：

地理位置：市场可以根据地理因素划分，例如国家、地区、城市或乡村。不同地理位置的市场可能存在着不同的文化、生活方式、气候等因素，从而影响消费者的需求和购买行为。

人口统计学特征：市场细分可以基于人口统计学特征如年龄、性别、家庭结构、职业等。不同人口统计学群体可能具有不同的消费行为和购买决策模式，因此企业可以根据这些特征来针对性地制定营销策略。

心理和行为特征：市场细分可以基于消费者的心理和行为特征，例如价值观、兴趣爱好、购买动机等。不同的消费者群体可能有不同的品味、偏好和购买动机，因此企业可以根据这些特征来开发针对性的产品和服务。

收入和消费能力：市场细分可以基于消费者的收入水平和消费能力。不同收入群体的消费习惯和购买能力存在差异，因此企业可以针对不同收入层次的消费者提供适当的产品定价和营销策略。

市场需求：市场细分可以根据不同的产品需求进行划分。例如，汽车市场可以细分为豪华车、家庭轿车、SUV等细分市场，以满足不同消费者对车型、功能和价格的需求。

通过市场细分，企业可以更好地理解不同细分市场的特征和需求，进而制定个性化的市场策略和推广活动。这有助于企业更精确地定位目标客户群，并提供满足其需求的产品和服务，提高市场份额和客户满意度。

3.市场趋势

市场趋势是指影响市场发展的一系列因素和变化，包括技术发展、政策变化、社会趋势等。了解市场趋势对企业来说非常重要，因为它可以帮助企业预测未来市场的走向，并做出相应的调整和决策。以下是一些常见的市场趋势：

技术发展：技术的快速进步对市场产生了深远的影响。了解当前的技术趋势和创新可以帮助企业预测行业的未来方向。例如，人工智能、物联网、区块链等新兴技术的应用正在改变许多行业的商业模式和竞争格局。

政策和法规变化：政府的政策和法规变化可能对市场产生重大影响。这可能包括环境保护法规、贸易政策、税收政策等。了解相关政策和法规的变化可以帮助企业预测市场的发展趋势，并相应地调整战略和运营。

社会趋势：社会趋势反映了人们的价值观和行为方式的变化。了解社会趋势可以帮助企业捕捉市场需求的变化和新的商机。例如，可持续发展、健康生活方式、个性化需求等都是当前的社会趋势，企业可以根据这些趋势来开发创新的产品和服务。

消费者行为变化：消费者的偏好和购买行为也是市场趋势的重要组成部分。随着消费者的期望和需求的变化，企业需要密切关注消费者行为的变化，并相应地调整市场营销策略和产品定位。

竞争态势：市场竞争对企业的影响至关重要。了解竞争对手的策略和行动可以帮助企业预测市场竞争的趋势，并采取相应的措施来保持竞争优势。

综合考虑这些市场趋势可以帮助企业把握市场的发展方向，预测未来的商业机会和挑战，并相应地制定战略和计划。灵活适应市场趋势的变化是企业成功的关键，因为它可以帮助企业保持竞争优势并满足不断变化的市场需求。

（二）市场分析的重要性

市场分析在商业决策中起着至关重要的作用，因为它能帮助企业理解市场环境的复杂性和动态性。

1.确定市场机会与风险

市场分析可以揭示市场中的新机会，例如新的客户群体，未满足的需求，新的产品或服务等。同时，它也能揭示潜在的风险，如新的竞争对手，市场趋势的变化，或是监管环境的变动。

2.制定有效的营销策略

通过了解市场的规模，增长率，趋势和细分，企业能够制定更具针对性和有效性的营销策略。例如，市场分析可以帮助企业确定应该用何种方式，向哪些人，推广哪些产品或服务。

3.优化产品和服务

市场分析可以提供关于消费者需求和偏好的重要信息，帮助企业优化他们的产品和服务以满足这些需求。例如，企业可以根据市场分析的结果，改进产品的功能，设计，或是价格策略。

4.理解竞争环境

市场分析可以揭示竞争对手的战略，优势和劣势，从而帮助企业在竞争环境中找到自己的定位，并制定出应对竞争的策略。

5.支持投资决策

市场分析是投资决策的关键组成部分。无论是内部投资（例如新产品开发），还是外部投资（例如收购或合并），市场分析都能提供关于投资收益和风险的重要信息。

6.预测未来趋势

市场分析不仅仅是对现有市场环境的描述，它还可以预测未来的趋势，例如消费者行为的变化，新的市场机会，或是市场风险的变化。这些预测可以帮助企业在未来市场环境中保持竞争优势。

因此，市场分析是企业战略规划，营销策略，产品开发，以及投资决策等多个关键业务活动的基础。通过进行深入的市场分析，企业能够更好地理解市场环境，制定出更有效的策略，优化产品和服务，以及做出更明智的决策。

（三）市场分析常用方法与工具

市场分析可以通过多种方法和工具来进行。以下是一些常见的市场分析方法和工具：

1.PESTEL 分析

这是一种宏观环境分析工具，用于分析政治（Political）、经济（Economic）、社会文化（Sociocultural）、技术（Technological）、环境（Environmental）和法律（Legal）六个方面的影响因素。

2.SWOT 分析

SWOT 分析是一种评估企业优势（Strengths）、弱点（Weaknesses）、机会（Opportunities）和威胁（Threats）的工具，可以帮助企业了解自身在市场中的定位。

3.Porter's Five Forces 分析

这是一种评估行业竞争力度的工具，包括对供应商的谈判力量、购买者的谈判力量、新进入者的威胁、替代产品或服务的威胁及行业内现有竞争对手竞争的评估。

4. 市场调研

市场调研可以通过问卷调查、访谈、观察等多种方法来进行，用于收集消费者需求、行为、态度等信息。调研工具可以包括 SurveyMonkey、Google Forms 等。

5. 数据分析

数据分析可以帮助企业理解市场的大小、增长率、趋势等信息。数据分析工具可以包括 Excel、SPSS、Python 等。

6. 社会媒体分析

社会媒体分析可以帮助企业了解消费者的口碑、态度、行为等。工具可以包括 Hootsuite、Brandwatch 等。

7. 竞品分析

竞品分析可以帮助企业了解竞争对手的产品、价格、营销策略等。竞品分析工具可以包括 SEMrush、Ahrefs 等。

8. 用户行为分析

用户行为分析工具，如 Google Analytics，可以提供关于用户在网站或应用上的行为的详细信息。

这些工具和方法可以帮助企业深入理解市场的情况，包括消费者、竞争对手、行业趋势等，从而做出更好的商业决策。

（四）网络营销中进行市场分析的策略

网络营销中的市场分析基本上遵循传统市场分析的步骤，但由于其主要在在线环境中进行，因此需要考虑一些特定的因素和使用特定的工具。以下是进行网络营销市场分析的一些策略：

1. 利用网络分析工具

在线工具如 Google Analytics，Google Trends，SEMrush 和 Ahrefs 可以提供网站流量、特定关键词搜索趋势及竞争对手的 SEO 策略等关键信息。

2. 社交媒体分析

通过对社交媒体的活动进行分析，企业能够了解消费者的行为和观点，同时也能了解竞争对手的策略。Hootsuite，Sprout Social 或 Brandwatch 等工具可以用来监控和分析社交媒体的趋势和对话。

3. 客户行为分析

理解用户如何与企业的网站或应用互动，以及他们对什么内容感兴趣，能够帮助企业优化产品和营销策略。网站分析工具（如 Google Analytics）、用户反馈（如调查或用户评论）或热图工具（如 Crazy Egg）可以用来进行这种分析。

4.进行 SEO 和关键词研究

通过了解消费者在搜索引擎中搜索什么，企业可以了解他们的需求和兴趣。这有助于优化内容和 SEO 策略，以吸引更多的流量。Google Keyword Planner，Moz 或 SEMrush 等工具可以用来进行关键词研究。

5.对竞争对手进行分析

了解竞争对手在网络上的活动，可以帮助企业在市场中找到自己的位置，并优化策略。通过查看竞争对手的网站，社交媒体活动，以及他们的在线广告可以进行这种分析。

6.关注行业趋势和新闻

关注行业趋势和新闻可以帮助企业了解市场的发展方向，以及可能影响业务的新趋势或技术，通过阅读行业报告，订阅相关的新闻简报，或参加在线的行业活动来保持更新。

进行网络营销的市场分析能够帮助企业了解市场环境，了解竞争对手，以及了解用户。通过这些信息，企业可以制定更有效的网络营销策略，优化产品，提高转化率，从而提高业务表现。

（五）市场分析在企业战略中的应用实例

市场分析在电子商务企业的战略中起着至关重要的作用，无论是在业务模式的设计、产品的定位或者营销策略的制定中，都需要依据对市场的深入了解和精确把握。

亚马逊是全球最大的电子商务平台之一，市场分析在其商业策略中扮演了重要角色。亚马逊的核心战略就是以客户为中心，这就需要深入了解消费者的需求和行为。亚马逊通过对大数据的分析，了解消费者的购物习惯，从而为消费者提供个性化的推荐。另外，亚马逊也会通过数据分析了解竞争对手的优缺点，以及行业发展趋势，从而调整自身的营销策略和服务。

阿里巴巴是中国最大的电子商务平台，它的成功在很大程度上依赖于其对市场的精准分析。例如，阿里巴巴通过深入的市场分析发现中国的中小企业有巨大的发展潜力，于是推出了以 B2B 模式为主的电子商务平台，为中小企业提供了一个展示产品、拓展市场的平台。另外，阿里巴巴也会通过对用户数据的分析，提供精准的广告推送服务，从而提高了广告效果。

这些实例表明，市场分析不仅可以帮助电子商务企业更好地理解消费者、竞争对手和市场趋势，还可以根据市场分析的结果调整或优化自己的商业模式和营销策略，以实现更好的业务发展。

二、目标定位

目标定位，或者叫目标市场定位，是市场营销策略的重要部分。它指的是通过研究和分析确定出一个特定的市场细分，并设计产品或服务以满足这个特定市场细分的需求。

在电子商务环境中，目标定位是非常重要的。由于互联网的普及，消费者可以轻松地访问和购买全球的产品和服务，因此竞争非常激烈。通过明确的目标定位，电子商务企业可以更好地满足特定消费者群体的需求，从而在激烈的竞争中脱颖而出。

（一）目标定位的重要性

目标定位对于任何企业都是非常重要的，尤其是在竞争激烈的市场环境中。

1.提高资源利用效率

公司的资源有限，包括时间、人力和财务资源。通过明确目标定位，企业可以将这些有限的资源集中在最有可能产生回报的领域，而不是试图满足所有人的需求。

2.创建独特的价值主张

目标定位能够帮助企业定义出自身独特的价值主张，也就是企业能够提供什么特别的价值，以区别于其他竞争对手。这是形成竞争优势的关键步骤。

3.提高市场营销的效果

明确的目标定位可以帮助企业更好地了解其目标消费者的需求、偏好和行为，从而制定更有效的市场营销策略，包括产品设计、定价、促销和分销策略。

4.建立更强的客户关系

当企业明确了目标定位，就能更加精准地满足其目标客户的需求，从而建立和深化与客户的关系，增强客户的忠诚度。

5.指导产品开发和创新

明确的目标定位可以为企业的产品开发和创新提供指导。了解目标市场的需求和趋势，可以帮助企业开发出真正满足市场需求的新产品或服务。

6.降低经营风险

目标定位可以帮助企业更准确地预测其产品或服务的市场反应，从而减少投资错误或市场营销活动失败的风险。

总的来说，目标定位是企业成功制定和实施市场营销策略的关键。只有清晰地了解目标市场，企业才能有效地满足其需求，与其建立持久的关系，并最终实现业务目标。

（二）目标定位的关键步骤

1.确定目标市场

这是目标定位的第一步。在这一步中，企业需要进行市场细分，将市场分割成不同的细分市场，每个细分市场包含一群有相似需求或消费行为的消费者。然后，企业需要评估每个细分市场的吸引力，包括其市场规模、增长潜力、竞争程度等因素。最后，企业需要选择一个或几个对自己最有吸引力的细分市场作为目标市场。

2.定义目标客户

确定了目标市场后，企业需要定义其目标客户，即在目标市场中最有可能购买其产品或服务的消费者。企业可以创建目标客户的人物画像，包括他们的人口统计学特征（如年龄、性别、职业等）、地理位置、生活方式、购买习惯、需求和期望等。了解目标客户能够帮助企业更好地满足他们的需求，并制定有效的营销策略。

3.设定营销目标

在明确了目标市场和目标客户后，企业需要设定其营销目标。这些目标应该是具体、量化、可以达成和有时间限制的。例如，企业可能设定在接下来的一年内，将产品销售额提高20%，或者将新客户数量增加30%等。营销目标应该与企业的总体业务目标相一致，并应该根据目标市场和目标客户的特征来设定。

这三个步骤并不是孤立的，而是相互关联的。只有当企业明确了目标市场和目标客户，才能设定有效的营销目标。同时，营销目标的设定也会影响到企业的目标市场和目标客户的选择。

（三）目标定位的具体方法和工具

目标定位的方法和工具可以分为以下几类：

1.市场细分

这是目标定位的第一步，使用的主要方法是依据地理分布、人口统计学、心理特征、社会经济状态、行为特征等方式进行细分。工具包括定量研究（如调查问卷）、定性研究（如深度访谈、焦点小组讨论）等。

2.目标市场选择

在进行市场细分后，需要评估和选择具有最大潜力和最佳匹配的目标市场。这通常需要利用 SWOT 分析、波士顿咨询公司的产品矩阵等工具来进行决策。

3.市场定位

确定目标市场后，企业需要对其产品或服务进行定位。常用的工具有定位地图、感知地图等，它们可以直观地展示企业产品或服务在消费者心中的位置，以及与竞争对手的差异。

4.目标客户定义

为了更好地了解目标客户，企业通常会创建人物画像，详细描述目标客户的人口统计学特征、行为特征、需求和偏好等。常用的工具包括人物画像模板、买方旅程地图等。

5.设定营销目标

设定营销目标是目标定位的最后一步，它需要考虑到目标市场的规模、企业的能力和资源等因素。企业可以使用 SMART 原则（具体、可测量、可达成、相关、有时间限制）来设定营销目标。

上述方法和工具可以帮助企业更有效地进行目标定位，但也需要注意，目标定位并不是一次性的过程，而需要随着市场环境的变化和企业情况的变化进行调整和优化。

（四）目标定位在电子商务企业战略中的应用实例

仍以亚马逊为例，亚马逊的初期定位是"全球最大的书店"，它集中资源和技术在图书销售上，并提供了比传统书店更大的选择范围和更便捷的购买体验。随着其业务的成功和技术的进步，亚马逊逐渐扩大了其目标市场，从图书销售扩展到电子产品、家居用品、服装等多个领域，最后定位为"地球上最以客户为中心的公司"。

又如 Etsy 是一个在线平台，允许手工艺者和艺术家销售他们的作品。它的目标市场是对独特、手工制作、艺术和复古商品感兴趣的消费者。Etsy 清晰的定位使其在电商市场中区别于亚马逊、eBay 等全品类电商。

还有，美国最大的家居电商平台 Wayfair 专注于提供大量的选择和优质的客户服务。Wayfair 的目标市场是那些希望在同一网站上找到各种家具和装饰品，而且重视便捷购物体验的消费者。通过明确的目标定位，Wayfair 成功吸引了其目标客户，成为美国最大的在线家具零售商。

Zappos 最初是一家在线鞋店，定位于提供"最好的服务"。它选择一个特定的产品类别（鞋类）作为其目标市场，并通过提供免费的快递和退货服务、24 小时的客户服务和大量的产品选择来满足其目标客户的需求。Zappos 的成功在很大程度上可以归功于其明确的目标定位。

这些例子都说明了明确的目标定位对于电子商务企业成功的重要性。只有通过理解和满足特定市场细分的需求，企业才能在竞争激烈的电子商务市场中脱颖而出。

三、市场分析与目标定位如何相互影响和相互支持

市场分析与目标定位是密切相关的两个过程，它们在企业的市场营销策略中起着关键的作用。二者之间的关系相互影响相互支持，具体来说：

首先，市场分析指导目标定位。

市场分析可以为目标定位提供必要的信息和洞见。例如，通过对市场的规模、增长率、竞争态势、消费者需求和行为等进行分析，企业可以更好地确定其目标市场，定义其目标客户，并设定其营销目标。市场分析还可以帮助企业发现新的市场机会，或者识别潜在的市场风险，这都对目标定位有重要的影响。

其次，目标定位反馈市场分析。

一旦企业确定了其目标定位，它可以用这些信息来指导和优化其市场分析。例如，企业可以将其分析重点放在目标市场上，深入研究目标客户的需求和行为，以及竞争对手的策略等。此外，通过跟踪和评估其营销目标的实现情况，企业可以得到关于市场动态和自身表现的反馈，这可以作为进行进一步市场分析的基础。

最后，市场分析与目标定位相互支持。

市场分析和目标定位是一个持续的、迭代的过程，它们需要互相支持才能实现最好的效果。市场分析可以提供关于市场环境和消费者行为的最新信息，帮助企业调整和优化其目标定位。同时，明确的目标定位可以帮助企业更有效地进行市场分析，提高分析的针对性和准确性。

总的来说，市场分析与目标定位是企业制定市场营销策略的两个重要环节，它们需要相互配合，相互影响，以帮助企业在竞争激烈的市场环境中取得成功。

第二节　消费者行为与需求分析

在当今激烈的市场竞争环境中，了解消费者行为和需求已经成为企业获得竞争优势的关键因素。消费者行为是指消费者在寻找、购买、使用、评价和处置商品和服务时的行为。这些行为受到各种因素的影响，包括个人特征、社会环境、市场营销活动等。与此同时，消费者需求是指消费者对商品和服务的期望和要求，它可以影响消费者的购买决策，也可以反映消费者的满意度和忠诚度。因此，对消费者行为和需求的深入分析，可以帮助企业更有效地制定和实施其市场营销策略。

然而，消费者行为和需求是复杂的，受到多种因素的影响，并且在不断变化。随着社会经济的发展，消费者的需求和行为模式也在发生着重大变化。例如，随着科技的进步和互联网的普及，消费者的购物行为已经从传统的实体店购物转向了线上购物。这就需要企业不断地对消

费者行为和需求进行跟踪和分析，以适应市场的变化。

一、理论概述

（一）消费者行为理论

1.定义与性质

消费者行为可以被定义为消费者在寻找、购买、使用、评价和处置商品和服务的过程中的行为。消费者行为的性质包括以下几个方面：

复杂性：消费者行为受到许多内部和外部因素的影响，例如个人的心理状态、社会环境、文化背景、市场营销活动等。

动态性：消费者行为并非固定不变的，而是会随着时间的推移、环境的变化和个人经验的积累而发生变化。

多样性：不同的消费者可能会有不同的购买行为和消费习惯，这取决于他们的个人特征、需求和偏好。

2.主要理论模型及其适用性

消费者行为理论中包含多种理论模型，用于解释和预测消费者的购买决策和行为。以下是一些主要的模型：

马斯洛的需求层次理论：该理论认为消费者的需求可以分为五个层次，从基本的生理需求到更高级的自我实现需求。消费者会优先满足更低层次的需求，然后才会寻求满足更高层次的需求。

费什拜因的行为模型：该模型认为消费者的购买决策是由动机、刺激、经验和学习等因素影响的结果。

霍华德 - 谢思模型：该模型将消费者的购买过程分为问题识别、信息搜索、评估替代品、购买决策和后购买行为五个阶段。

这些模型在不同的情况下可能有不同的适用性。例如，马斯洛的需求层次理论可能更适合解释消费者的长期需求和行为，而霍华德 - 谢思模型可能更适合解释消费者的具体购买过程。

3.理论的局限性和挑战

消费者行为理论也存在一些局限性和挑战。首先，消费者行为是非常复杂的，很难用一个单一的理论模型来完全解释。不同的消费者可能会有不同的行为模式，甚至同一消费者在不同的情况下也可能会有不同的行为。其次，消费者行为受到许多内部和外部因素的影响，这些因素在不同的文化和市场环境中可能会有不同的作用。因此，消费者行为理论需要不断地根据新的研究结果和市场实践进行修正和更新。最后，随着科技的进步和消费者行为的变化，消费者行为理论也面临着新的挑战。例如，随着互联网和社交媒体的普及，消费者的信息搜索、购买和评价方式都发生了重大变化，这需要消费者行为理论进行相应的调整和发展。

（二）消费者需求理论

1.定义与性质

消费者需求分析可以被定义为对消费者对产品或服务的期望和需求进行研究的过程。这涉及对消费者的偏好、购买能力、购买频率等进行研究，以确定市场上的需求结构。消费者需求分析的性质包括以下几个方面：

多元性：消费者需求多元，且不同消费者的需求可能有很大的差异。这需要根据不同消费者群体的特点进行细分分析。

动态性：消费者的需求并非固定不变，而是会随着环境变化、产品创新、消费者知识和经验的增长而变化。

相关性：消费者的需求通常不是孤立的，而是相互关联的。满足一个需求可能会产生新的需求，或者影响对其他需求的满足。

2. 主要理论模型及其适用性

消费者需求分析的理论模型主要包括以下几种：

需求曲线理论：这是经济学中的一个基本理论，用于描述价格和需求量之间的关系。需求曲线通常呈向下倾斜，表示价格越低，需求量越大。

收入消费曲线理论：该理论描述了收入增长对消费者需求的影响。当收入增长时，消费者对普通商品的需求会增加，但对低档商品的需求可能会减少。

赫兹伯格的价值期望理论：该理论认为消费者的需求取决于他们对商品或服务的价值期望，这包括对产品性能、价格、品牌形象等的期望。

这些模型在不同的情况下可能有不同的适用性。例如，需求曲线理论和收入消费曲线理论更适合分析大规模的市场需求，而赫兹伯格的价值期望理论可能更适合分析特定消费者群体或特定产品的需求。

3. 理论的局限性和挑战

消费者需求分析的理论也存在一些局限性和挑战。首先，消费者的需求受到许多因素的影响，包括个人的经济状况、生活方式、文化背景、心理状态等。这些因素在不同的消费者和市场环境中可能有不同的作用，因此很难用一个单一的理论模型来完全描述和预测消费者的需求。其次，消费者需求分析需要大量的数据和复杂的分析技术。尽管有很多理论模型和分析方法可供选择，但在实际操作中可能会遇到各种问题，例如数据收集的困难、数据质量的问题、分析结果的不确定性等。最后，随着科技的发展和市场环境的变化，消费者需求分析的理论也面临着新的挑战。例如，随着互联网和大数据技术的发展，消费者需求分析的方法和工具正在发生重大变化，这需要消费者需求分析的理论进行相应的调整和发展。

二、网络消费者的行为特征分析

（一）消费者行为的关键因素

消费者行为是指个体在购买产品或服务时所展现的心理过程和行为反应。消费者行为的关键因素和影响因素多种多样，其中包括个人因素、社会因素和市场因素。以下将详细介绍这些因素对消费者行为的影响。

1. 个人因素

个人因素是指个体自身的特征和个性所产生的影响。以下是几个重要的个人因素：

（1）人口统计学特征：人口统计学特征如年龄、性别、收入水平、职业等对消费者行为产生重要影响。不同年龄段的消费者可能有不同的需求和购买决策模式。例如，年轻人可能更注重时尚和新颖性，而年长者可能更注重产品的实用性和质量。

（2）生活方式：个体的生活方式包括他们的兴趣爱好、社交活动、消费习惯等。消费者的生活方式会影响他们对产品或服务的选择和购买决策。例如，喜欢户外活动的人可能更倾向于购买运动装备或户外用品。

（3）个人价值观：个体的价值观对其购买决策产生重要影响。价值观是指个体对道德、伦理、文化等方面的信念和看法。消费者可能根据他们的价值观来选择产品或服务。例如，一些消费者可能更关注环境保护和可持续发展，他们倾向于购买环保产品。

2.社会因素

社会因素是指个体所处的社会环境对其消费行为的影响。以下是几个重要的社会因素：

（1）社会影响：社会影响是指他人对个体行为的影响力。个体可能受到家庭成员、朋友、同事等身边人的意见和建议的影响。社交媒体也在现代社会中扮演着重要的角色，消费者可能会受到社交媒体上的意见和评价的影响。

（2）文化因素：文化是指一个群体所共享的价值观、信仰、习俗和行为模式。消费者的行为受到所处文化的影响。例如，不同文化对产品的喜好和使用方式可能存在差异，企业需要根据不同文化的需求进行市场定位和产品定制。

3.市场因素

市场因素是指产品或服务本身及市场环境对消费者行为的影响。以下是几个重要的市场因素：

（1）价格：价格是消费者购买决策的重要考虑因素。消费者会根据产品的价格来评估其价值和质量。低价和促销活动可能吸引消费者进行购买，而高价可能抑制消费者的购买意愿。

（2）产品特性：产品的特性包括品质、功能、设计等方面的特点。消费者会根据产品的特性来选择适合自己需求的产品。例如，消费者可能选择功能齐全、易用性好的产品。

（3）促销活动：促销活动如打折、满减、赠品等可以对消费者的购买决策产生影响。这些促销活动可以刺激消费者的购买欲望，提高产品的吸引力。

（4）品牌形象：品牌形象是消费者购买决策的重要因素。品牌的知名度、声誉和形象可以对消费者的购买意愿产生影响。消费者可能更倾向于购买知名品牌或品牌形象与自己价值观相符的产品。

（二）网络消费者的行为特征

网络消费者行为具有其独特的特性，理解这些特性对于企业制定有效的网络营销策略至关重要。以下是几种网络消费者的主要行为特征：

1.高度的信息搜索行为

网络消费者在进行购买决策前，通常会进行广泛的信息搜索。他们会查阅产品评价，比较不同选项的价格和性能，甚至会搜索产品的使用和维护信息。这样的行为模式主要是因为网络环境为消费者提供了方便的信息获取渠道。

2.高度个性化的需求

网络消费者通常具有高度个性化的需求，他们期待能获得与自身需求和喜好完全匹配的产品或服务。这就需要企业能够利用数据分析技术，准确捕捉并满足消费者的个性化需求。

3.重视社交证据

在互联网上，消费者的购买行为往往受到社交证据的影响。比如，他们可能会受到产品的用户评价、社交媒体上的推荐等社交证据的影响，这种社交证据在网络消费者的购买决策中扮演了重要角色。

4.强烈的价格敏感性

在网络环境中，消费者能够方便地比较不同商家的价格，所以他们对价格具有强烈的敏感性。这就需要企业在定价策略上要有竞争力，同时也要注重提供高质量的产品和服务，以此来平衡消费者对价格和品质的考虑。

5.对隐私保护的重视

由于网络消费者的行为数据往往被企业收集和使用，所以他们对个人隐私保护的重视度通常非常高。企业需要采取措施，保证消费者的隐私安全，以获得消费者的信任。

6.善变的购物行为

网络消费者通常拥有丰富的选择，并且可以方便地从一家商家切换到另一家。这使得他们的购物行为更加善变，企业需要不断优化产品和服务，以保持消费者的忠诚度。

这些特性要求企业在制定网络营销策略时，需要考虑到消费者的特定行为和需求，才能有效地吸引和留住消费者。

三、网络消费者的需求分析

（一）消费者需求的关键因素

消费者需求的关键因素和影响是企业制定市场营销策略和满足客户需求的重要依据。以下将详细介绍消费者需求的关键因素。

1.基本需求和期望

消费者的需求首先由其基本需求和期望所驱动。基本需求包括生存、安全、饮食、住房等基本生活需求。例如，消费者需要满足食物的基本需求，他们希望能够获得新鲜、营养、安全的食物。期望是消费者对产品或服务的额外要求和期待。例如，消费者可能期望获得高品质的产品、良好的服务、个性化的定制等。

2.产品或服务的实际使用与满意度

消费者需求的另一个重要方面是产品或服务的实际使用和满意度。消费者对产品或服务的实际体验和感受会直接影响其对产品或服务的需求。如果产品或服务在实际使用中能够满足消费者的期望并提供良好的体验，消费者的需求就会得到满足，并可能形成重复购买和口碑传播。然而，如果产品或服务不能满足消费者的期望或者提供差劣的体验，消费者的需求将减弱甚至消失。因此，企业需要不断关注消费者的实际使用和满意度，并及时改进产品或服务以满足消费者的需求。这可以通过市场调研、用户反馈、客户满意度调查等方式进行。

3.需求的变化趋势

消费者需求是不断变化的，因此了解需求的变化趋势对企业非常重要。需求的变化受到多种因素的影响，包括社会经济环境、科技创新、文化趋势等。

社会经济环境：社会经济环境的变化会直接影响消费者的需求。例如，经济发展、收入水平的提高会增加消费者对高品质产品和奢侈品的需求。另外，人口结构的变化、家庭结构的变化等也会引起消费需求的变化。

科技创新：科技的快速发展对消费者需求产生了深远影响。新技术的应用和创新可以创造全新的产品和服务，满足消费者对便利性、智能化、个性化的需求。例如，移动互联网的普及和智能手机的发展改变了消费者的购物方式和消费习惯。

文化趋势：文化对消费者需求的影响也是不可忽视的。文化价值观的变化、消费观念的转变等都会对消费者需求产生影响。例如，对可持续发展的关注和环保意识的增强使得消费者对环保产品和服务的需求逐渐增加。

了解需求的变化趋势可以帮助企业抓住市场机遇和趋势，及时调整产品或服务的定位和策略。这可以通过市场研究、趋势分析、竞争对手观察等方式进行。

（二）网络消费者的需求分析

网络消费者的需求分析是网络营销策略的关键部分，帮助企业更好地理解消费者，并以此来提供更符合消费者需求的产品或服务。以下是进行网络消费者需求分析的一些重要步骤：

1. 收集消费者数据

首先，企业需要收集大量的消费者数据，包括消费者的个人信息（如年龄、性别、地理位置等）、购买历史、网站浏览行为等。这些数据可以从各种渠道获取，如企业的网站、社交媒体平台、客户关系管理系统等。

2. 分析消费者行为

通过对收集的消费者数据进行分析，企业可以理解消费者的行为模式，比如消费者喜欢什么样的产品、在什么时候购物、使用什么样的设备进行购物等。这些行为模式可以帮助企业预测消费者的未来行为，并据此来满足他们的需求。

3. 了解消费者需求和偏好

企业可以通过调查、访谈、问卷等方式，直接从消费者那里获取他们的需求和偏好信息。企业也可以通过分析消费者的购买行为和反馈，间接地了解他们的需求和偏好。

4. 分类消费者

基于消费者的行为和需求，企业可以将消费者分成不同的群体，比如忠诚消费者、高价值消费者、低频消费者等。对每个消费者群体，企业都需要提供不同的产品和服务，以满足他们的特定需求。

5. 预测未来需求

企业还需要预测消费者的未来需求。这可以通过趋势分析、需求预测模型等方式进行。预测未来需求可以帮助企业提前准备，以满足消费者的需求。

进行网络消费者需求分析，可以帮助企业更好地满足消费者的需求，提高消费者满意度，从而提升企业的业绩。

四、影响网络消费者需求和购买行为的因素

网络消费者的需求和购买行为受到多个因素的影响。以下是一些常见的影响因素：

1.产品特性

产品的特性和功能对网络消费者的需求和购买行为有重要影响。消费者通常会寻求满足自己特定需求的产品，例如品质、性能、功能、价格等方面的特点。

2.价格和价值

价格是消费者决策的一个重要因素。消费者通常会比较不同产品的价格，并评估其与产品的价值之间的关系。消费者通常倾向于购买价格合理、物有所值的产品。

3.品牌和声誉

品牌知名度和声誉对消费者的购买决策起到重要作用。消费者通常会选择具有良好声誉和可信度的品牌，因为这些品牌被认为更可靠、品质更好、服务更优质。

4.个人偏好和需求

消费者的个人偏好和需求对其购买行为产生重要影响。个人的喜好、兴趣、价值观等因素会导致消费者对某些产品更感兴趣，或对特定品牌或类型的产品有偏好。

5.信息获取和评估

网络消费者通常通过网络获取产品信息，并进行评估和比较。信息的准确性、透明度和易获得性对消费者的购买决策起着重要作用。消费者通常会参考产品评价、用户反馈、专业评测等信息来进行决策。

6.社交影响和口碑

社交影响和口碑对网络消费者的购买行为有着显著影响。消费者通常会参考他人的意见、推荐和评论，特别是朋友、家人、社交媒体上的意见，来确定产品的价值和可靠性。

7.便利性和用户体验

消费者对购物过程的便利性和良好的用户体验有较高的期望。例如，购物网站的界面友好性、支付和配送的便利性、售后服务等都可以影响消费者的购买决策。

以上因素相互交织，共同影响着网络消费者的需求和购买行为。企业需要了解并适应这些因素，以提供符合消费者期望的产品、良好的购物体验和有效的市场营销策略，从而吸引和满足网络消费者的需求。

五、基于消费者行为与需求的网络营销策略

基于消费者行为和需求的网络营销策略是企业在互联网环境中根据消费者行为和需求制定的营销计划和策略。以下是几个基于消费者行为和需求的网络营销策略的建议：

1.建立个性化的用户体验

建立个性化的用户体验意味着通过了解消费者的个性化需求、偏好和行为，为其提供定制化的推荐和服务，以提高用户参与度、满意度，进而增加转化率和重复购买率。

首先，收集消费者的行为数据、购买历史、兴趣爱好等信息。这可以通过用户注册、订阅、浏览记录、购物车数据等方式获取。然后，对数据进行分析，以了解消费者的偏好、消费习惯和行为模式。

其次，根据数据分析的结果，为每个消费者提供个性化的产品推荐。可以利用推荐算法和人工智能技术，根据消费者的购买历史、浏览行为和兴趣爱好，为其推荐相关产品或服务。个

性化推荐可以出现在网站首页、电子邮件、短信或移动应用程序中。

同时，根据消费者的个性化需求，提供定制化的服务。例如，允许消费者根据自己的喜好和需求进行产品定制，提供个性化的包装或交付选项，提供个性化的客户支持等。定制化服务可以增加消费者对产品的满意度和忠诚度。

在营销过程中，与消费者建立个人化的沟通和互动，例如通过个人化的电子邮件、短信或社交媒体互动。这可以包括生日祝福、专属优惠、定期更新和建议等。个人化的沟通和互动可以增强消费者的参与度和忠诚度。

最后，要及时回应消费者的问题和反馈，提供快速解决方案。消费者希望得到及时的反馈和解决问题的支持，这有助于建立信任和满意度，并根据消费者反馈和行为数据，不断优化和改进个性化用户体验。通过监测和分析消费者的反馈和行为数据，发现问题和机会，进行相应的调整和改进。

2.强调社交共享和口碑传播

强调社交共享和口碑传播是基于消费者行为和需求的网络营销策略的重要组成部分。这种策略利用社交媒体平台和用户生成内容，鼓励消费者分享他们的购买体验和产品评价，从而建立良好的口碑和社交影响力，进一步扩大品牌的知名度和影响力。以下详细阐述强调社交共享和口碑传播的步骤和策略：

（1）社交媒体平台的选择

确定适合目标消费者群体的社交媒体平台，如微博、微信、抖音、小红书等。了解目标消费者的使用习惯和喜好，选择合适的平台进行品牌宣传和用户互动。

（2）创造有吸引力的内容

提供有趣、有价值、有创意的内容，激发消费者的兴趣和共鸣。内容可以包括产品故事、使用技巧、用户案例、优惠活动等。创造有趣的内容可以吸引消费者的关注和分享。

（3）鼓励用户生成内容

积极鼓励消费者分享他们的购买体验和产品评价，包括文字、图片、视频等形式。可以设立奖励机制或举办用户生成内容的活动，激发消费者的参与和创造力。

（4）积极回应和参与互动

及时回复消费者的评论、提问和反馈，展示对消费者的关注和关心。积极参与消费者的互动，回应他们的分享和提问，建立积极的品牌形象和良好的关系。

（5）发掘影响力用户和合作伙伴

寻找具有影响力的用户和合作伙伴，与他们建立合作关系，让他们成为品牌的代言人和推广者。他们的分享和推荐可以帮助扩大品牌的知名度和影响力。

（6）监测和管理口碑

密切关注用户生成内容和口碑传播的效果，及时回应和管理负面评价和意见。利用社交媒体监测工具，了解品牌在社交媒体上的声誉和口碑，进行积极的品牌管理和危机处理。

3.提供多渠道购物体验

提供多渠道购物体验旨在为消费者提供无缝的购物体验，使其可以方便地在不同平台上浏览和购买产品，提高购物的便捷性和满意度。具体可以从以下几方面入手：

（1）多渠道展示和宣传

在不同的网络平台上展示和宣传产品，如电商平台、社交媒体、品牌官网等。通过优质的产品图片、详细的产品描述和吸引人的宣传文案，吸引消费者的注意力，引导其进一步了解和购买产品。

（2）响应式网页设计

确保企业网站和电子商务平台具有响应式设计，能够在不同的设备上自适应显示。这包括桌面电脑、平板电脑和移动设备等。消费者可以方便地在不同设备上访问和浏览产品信息，提高购物的便捷性和用户体验。

（3）移动应用开发

开发移动应用程序，为消费者提供便捷的购物体验。移动应用可以提供更加个性化和定制化的推荐、购物流程简化、移动支付等功能，提高用户参与度和转化率。

（4）社交媒体购物功能

利用社交媒体平台的购物功能，让消费者可以在浏览社交媒体内容的同时直接购买产品。例如，在社交媒体上发布产品帖子，搭配产品链接和购买按钮，方便消费者进行一键购买。

（5）跨渠道购物体验

提供跨渠道的购物体验，例如在线下实体店铺浏览商品，然后在网上完成购买，或者在线上下单后到实体店铺自提。消费者可以根据自己的喜好和需求，在不同渠道之间切换，提高购物的便利性和灵活性。

（6）无缝购物体验和一致性

确保不同渠道间的购物体验无缝连接，例如购物车的同步、订单状态的实时更新等。消费者可以在不同渠道之间无缝切换，购物信息和购买历史能够同步，提高购物的连贯性和满意度。

（7）个性化推荐和定制化服务

根据消费者在不同渠道上的行为和购买历史，为其提供个性化的产品推荐和定制化的服务。例如，根据消费者在移动应用上的浏览记录，向其推荐相关的产品或优惠信息。

4.运用数据分析和个性化推荐

通过对消费者的数据进行分析和行为追踪，可以了解他们的偏好、需求和购买模式，为其提供个性化的产品推荐和定制化的营销信息。利用人工智能和机器学习算法，可以优化推荐算法，提高产品的匹配度和购买转化率。

（1）数据收集和整合

收集消费者的行为数据、购买历史、兴趣爱好等信息。这可以通过用户注册、订阅、浏览记录、购物车数据等方式获取，将这些数据整合到一个数据库中，以便后续的分析和个性化推荐。

（2）数据分析和挖掘

利用数据分析工具和技术，对消费者数据进行挖掘和分析。通过分析消费者的行为模式、购买偏好、喜好和需求等，发现消费者群体的特征和规律。

（3）个性化推荐算法的开发和优化

基于数据分析的结果，开发个性化推荐算法。可以利用机器学习和人工智能技术，建立推荐模型，根据消费者的个性化需求和偏好，为其提供个性化的产品推荐。

（4）定制化营销信息的提供

根据消费者的个性化需求和偏好，定制化地提供营销信息。这可以包括个性化的产品推荐、优惠券、促销活动、相关内容等。通过提供与消费者兴趣和需求相匹配的信息，提高用户参与度和购买转化率。

（5）A/B测试和优化：利用A/B测试方法，对不同的个性化推荐策略进行比较和优化。通过实验和数据分析，了解哪种策略对消费者的影响更大，进一步优化个性化推荐的效果。

5.重视移动端和移动支付

随着移动互联网的普及，移动端成为消费者进行在线购物的主要渠道之一。确保企业的网站和应用程序在移动设备上具有良好的用户体验，提供简便安全的移动支付方式，以满足消费者随时随地购物的需求。

特别需要指出的是：移动支付的便捷性和安全性是消费者在进行在线购物时非常重要的考虑因素。以下是关于如何提供简便、安全的移动支付方式的具体策略：

（1）多种支付方式的支持

为消费者提供多种移动支付方式的选择，如支付宝、微信支付、Apple Pay等。不同消费者有不同的支付偏好，因此提供多样化的支付选项可以满足消费者的个性化需求，提高支付的便捷性。

（2）无缝支付体验

确保移动支付过程简便快捷，减少烦琐的步骤和信息输入。使用一键支付、指纹识别、人脸识别等技术，简化支付流程，提高用户的支付体验。

（3）加强支付安全措施

采取有效的措施保护消费者的个人和支付信息。使用安全加密技术，确保支付过程中数据的安全传输和存储。实施双重认证、支付密码、动态验证码等措施，加强支付的安全性。

（4）合作伙伴的安全认证

选择与可信赖的支付合作伙伴合作，确保支付平台和支付服务的安全性。合作伙伴应具备相关的支付安全认证和合规性，例如PCI DSS（Payment Card Industry Data Security Standard）认证等。

（5）实时支付通知和反馈

向消费者提供实时的支付通知和订单状态更新，以增强支付的可追踪性和信任度。消费者可以及时了解支付是否成功，并在需要时进行相应的反馈和处理。

（6）教育和宣传支付安全知识

向消费者提供支付安全知识和指导，教育他们如何识别和防范支付欺诈和网络钓鱼等风险。通过宣传支付安全知识，提高消费者对移动支付的意识和警惕性。

6.强化品牌形象和社会责任

强化品牌形象和社会责任是基于消费者行为和需求的网络营销策略的重要组成部分。建立良好的品牌形象和品牌价值观可以影响消费者的购买决策，提高他们对品牌的信任和认同。同时，强调企业的社会责任和可持续发展也可以增强消费者对品牌的忠诚度和认可度。

确定品牌的定位和核心价值观，并通过品牌故事传达给消费者。品牌定位是指确定品牌在目标市场中的独特地位和价值主张。品牌故事可以包括品牌的历史、使命和愿景，以及品牌所代表的价值观和承诺。同时，确保品牌在不同渠道和平台上保持一致的形象，包括品牌标识、设计风格、语言风格等。一致的品牌形象可以增强品牌的识别度和认知度，帮助消费者建立对品牌的信任和认同。

通过有针对性的品牌营销和传播活动，向消费者传达品牌的独特价值和优势。这可以包括广告、宣传活动、内容营销、社交媒体营销等。通过巧妙的品牌故事和情感营销，建立与消费者的情感联系和共鸣。

强调企业的社会责任和可持续发展，通过积极参与社会公益活动、环境保护和社会问题解决等，树立企业的良好形象和价值观。这可以包括捐赠慈善机构、支持环保项目、关注社会公益等。消费者越来越重视企业的社会责任，这可以增强他们对品牌的信任和忠诚度。

企业还要提供积极的品牌体验和用户参与活动，让消费者更加亲身地感受品牌的价值和理念。这可以包括线上线下的品牌活动、用户体验中心、品牌社群等。通过积极的用户参与和互动，增加消费者对品牌的关注和参与度。

除此之外，企业要积极管理品牌口碑和评价，及时回应消费者的反馈和问题。对于负面评价，采取积极的解决措施，展示品牌的责任和关怀。通过积极管理品牌口碑，增加消费者对品牌的认可度和忠诚度。

第三节　竞争分析与差异化定位

电子商务迅猛发展的今日，电商企业要想取得成功，就必须能够在竞争中脱颖而出。竞争分析和差异化定位作为市场营销的关键策略，被广泛应用于企业的战略规划和市场定位中。竞争分析旨在深入了解市场竞争环境，包括竞争对手的行为和策略，以及消费者的需求和偏好。而差异化定位则旨在通过独特的产品或服务特点，为消费者创造独特的价值，并在市场中树立与众不同的品牌形象。

一、基本概念梳理

（一）竞争分析的概念与方法

1.竞争分析的定义和内涵

竞争分析是指对市场竞争环境进行全面深入的研究和评估，以了解竞争对手、消费者需求、市场趋势等因素，以及分析自身企业的优势和劣势。竞争分析的目的是为企业提供决策支持，制定有效的竞争策略，以在竞争激烈的市场中取得竞争优势。

竞争分析包括对多个方面的研究和分析，以下是竞争分析的主要内涵：

竞争对手分析：竞争对手分析是竞争分析的重要组成部分，它涉及对竞争对手的战略、市场份额、产品定位、定价策略等方面进行研究和评估。通过分析竞争对手的行为和策略，企业可以了解竞争对手的优势和劣势，为自身制定有针对性的竞争策略。

消费者需求分析：消费者需求分析是了解市场需求和消费者行为的关键环节。通过研究消费者的购买决策过程、需求和偏好，企业可以更好地把握市场机会，满足消费者的需求，提供符合市场需求的产品和服务。

市场趋势分析：市场趋势分析是对市场的动态变化进行观察和评估。它包括了解市场规模、增长率、竞争格局、技术发展趋势、政策变化等因素。通过对市场趋势的分析，企业可以预测未来的市场环境，调整自身战略，适应市场变化。

竞争优势分析：竞争优势分析是通过比较和评估自身企业与竞争对手之间的优势差异，寻找自身的竞争优势。竞争优势可以包括产品创新、品牌形象、成本优势、渠道优势等方面。通过竞争优势分析，企业可以确定自身的核心竞争力，并制定相应的市场策略。

2.竞争分析的作用和价值

竞争分析在市场营销和战略规划中具有重要的作用和价值。以下是竞争分析的主要作用和价值：

（1）了解竞争对手

竞争分析帮助企业深入了解竞争对手的行为、策略、产品定位、市场份额等方面的信息。通过对竞争对手的分析，企业可以了解竞争对手的优势和劣势，预测其未来动向，为自身的市场策略制定提供依据。

（2）发现市场机会

竞争分析有助于企业发现市场中的机会。通过对市场趋势、需求变化和消费者洞察力的分析，企业可以识别出潜在的市场机会，抓住市场的空白和痛点，开发出符合市场需求的产品和服务。

（3）确定差异化定位

竞争分析帮助企业确定差异化定位，即通过独特的产品或服务特点，在市场中塑造与众不同的品牌形象。通过差异化定位，企业可以在激烈的市场竞争中脱颖而出，吸引目标客户群体，提高市场份额和品牌忠诚度。

（4）制定竞争策略

竞争分析为企业制定竞争策略提供了重要的参考和依据。通过了解竞争对手的优势和劣势，企业可以选择适合自身的竞争策略，如低成本战略、差异化战略、专业化战略等，以增加竞争优势，赢得市场份额。

（5）降低市场风险

竞争分析有助于企业降低市场风险。通过对市场竞争环境的全面了解，企业可以预测市场趋势和变化，识别潜在的竞争威胁，并及时采取措施进行应对和调整，降低市场风险。

（6）优化资源配置

竞争分析可以帮助企业优化资源配置。通过分析竞争对手的市场份额和市场定位，企业可以合理配置自身的资源，集中力量在具有竞争优势的领域，提高资源利用效率，降低成本，提升市场竞争力。

（二）差异化定位的概念与实践

1. 差异化定位的定义和原理

差异化定位是市场营销中的一种策略，通过赋予产品或服务独特的特点和价值，使其与竞争对手的产品或服务产生明显的区别和优势，以满足特定消费者群体的需求并获得竞争优势。差异化定位旨在在市场中创造独特的品牌形象，使消费者能够将企业的产品或服务与其他竞争对手区分开来，并为其带来独特的价值体验。差异化定位的原理主要基于以下几点：

（1）独特性

差异化定位的核心是创造独特性。企业需要在产品或服务的设计、功能、性能、品质、创新等方面与竞争对手产生明显的差异。这种独特性使消费者能够识别和区分企业的产品或服务，并将其与竞争对手区分开来，从而建立品牌认同感。

（2）价值创造

差异化定位要求企业提供与竞争对手不同的价值。通过满足消费者的特定需求和期望，企业可以创造独特的价值。这可以通过提供更高品质的产品或服务、创造更好的用户体验、提供个性化的解决方案等方式来实现。消费者认为企业的产品或服务比竞争对手更具价值，从而形成消费者对企业的偏好和忠诚度。

（3）目标市场选择

差异化定位要求企业选择适合其差异化策略的目标市场。企业应明确自身的目标消费者群体，并了解他们的需求、偏好和行为。通过深入了解目标市场，企业可以根据其特点和需求，制定相应的差异化策略，实现市场定位的精准和有效。

（4）持续创新

差异化定位要求企业保持持续的创新。市场环境和消费者需求不断变化，企业需要不断推出新产品、提升服务质量、改进品牌形象等，以保持竞争力和市场地位。持续创新有助于企业不断满足消费者的新需求，并保持与竞争对手的差异化。

（5）一致性原理

差异化定位需要在整个企业的运营和营销活动中保持一致。从产品设计到品牌推广，从市场定位到顾客体验，企业应确保在各个方面都体现出差异化的特点和价值。这种一致性可以增强品牌的认知度和忠诚度，并帮助企业在市场中建立持久的差异化地位。

2. 差异化定位的策略和手段

差异化定位的策略和手段是帮助企业在市场中创造独特的品牌形象和竞争优势的重要工具。以下是差异化定位的常用策略和手段：

（1）产品特性差异化

通过产品的设计、功能、性能、品质等方面与竞争对手形成明显差异。这可以包括独特的技术创新、产品设计风格、特殊的功能或性能优势等。企业可以通过不断的研发和创新，确保产品的独特性和卓越性，从而吸引消费者并与竞争对手区别开来。

（2）服务差异化

通过提供独特的服务体验，与竞争对手形成差异。这可以包括个性化的客户服务、专业的售后支持、快速响应客户需求、灵活的配送或交付方式等。企业可以通过培训员工、建立完善的客户服务流程及利用技术创新来提供卓越的服务，从而吸引和保留客户。

（3）品牌形象差异化

通过塑造独特的品牌形象，与竞争对手区分开来。这包括品牌名称、标志、口号、品牌故事等方面的差异化。企业可以通过品牌定位和品牌传播活动，传递独特的品牌价值观和个性，吸引消费者的关注和认同。

（4）定位于特定目标市场

将产品或服务定位于特定的目标市场，满足该市场特定需求。这可以是基于消费者的地理位置、年龄、性别、收入水平、兴趣爱好等因素进行细分。企业可以通过深入了解目标市场的需求和偏好，为其提供独特的解决方案和个性化的体验。

（5）创新和技术领先

通过持续的创新和技术领先，与竞争对手形成差异。这可以包括产品的技术创新、生产工艺的改进、供应链的优化等。企业可以利用先进的技术和创新来开发独特的产品或服务，提高效率和质量，赢得市场的竞争优势。

（6）市场沟通和推广

通过差异化的市场沟通和推广策略，强调产品或服务的独特特点和优势。这可以包括广告、宣传活动、促销策略、公关活动等。企业可以选择与差异化定位相匹配的市场推广渠道和工具，以有效地传递差异化的价值主张和品牌形象。

综合运用上述策略和手段，企业可以在市场中实现差异化定位，树立独特的品牌形象，满足特定消费者群体的需求，并获得竞争优势。差异化定位的策略和手段应根据企业的资源、能力和市场特点进行选择和整合，以实现差异化的目标，并与竞争对手形成明显的差异。

3.差异化定位的优势和挑战

差异化定位具有许多优势，但同时也面临一些挑战。

（1）优势

首先，差异化定位使企业能够与竞争对手形成明显的差异，并在市场中获得竞争优势。通过赋予产品或服务独特的特点和价值，企业可以吸引消费者的注意并与竞争对手区分开来。这可以提高企业的市场份额、销售额和利润率。

其次，通过差异化定位，企业可以建立独特的品牌形象和品牌认同感，使消费者对其产生忠诚度。当消费者认为企业的产品或服务与众不同，并能够满足其特定需求时，他们更有可能选择并忠于该品牌。

最后，差异化定位可以使企业更好地满足消费者的需求和期望，提供个性化的解决方案和独特的价值。这可以提高消费者的满意度和体验，并增强他们与企业的关系。

同时，差异化定位使企业能够吸引和保留目标消费者。通过提供独特的产品或服务，企业可以吸引那些寻找特定解决方案的消费者。同时，差异化定位还可以帮助企业建立起与消费者之间的深入关系，提高客户的忠诚度和重复购买率。

（2）面临的挑战

在竞争激烈的市场中实施差异化定位可能面临竞争对手的激烈竞争。其他企业可能会采取类似的策略，试图复制差异化优势。因此，企业需要不断创新和保持竞争优势。实施差异化定位可能需要企业进行额外的投资和资源配置，以提供独特的产品或服务。这可能增加企业的成本，特别是在产品研发、创新和市场推广方面。企业需要权衡成本与差异化带来的价值之间的关系。差异化定位是基于特定的目标市场，而这个目标市场可能相对较小或有限。这可能限制了企业的潜在市场规模和增长潜力。企业需要确保目标市场具有足够的规模和潜力，以支持差异化策略的实施。并且，消费者需求和偏好不断变化，可能导致差异化定位的失效。企业需要密切关注市场动态，不断调整和改进差异化策略，以适应消费者的变化需求。

二、竞争分析与差异化定位的关系

（一）竞争分析对差异化定位的影响

竞争分析对差异化定位具有重要影响。竞争分析帮助企业了解市场竞争对手的优势、劣势和策略，揭示市场上的机会和威胁。这些竞争信息为企业制定差异化定位策略提供了重要的参考和依据。

首先，竞争分析帮助企业发现当前市场上尚未满足的消费者需求和未被充分利用的市场空白。通过对竞争对手的产品、服务和市场定位的分析，企业可以确定差异化定位的机会，并在这些差异化领域进行创新和发展。

其次，竞争分析揭示了竞争对手的定位和市场策略。企业可以借鉴竞争对手的经验和教训，了解市场上已有的差异化定位和竞争优势。这有助于企业制定独特的差异化策略，与竞争对手形成明显差异，并赢得目标市场的竞争优势。

最后，竞争分析有助于企业了解竞争对手的优势和劣势。通过评估竞争对手的产品、服务、品牌形象、市场渗透度等方面的优势，企业可以确定自身的差异化定位策略，以凸显自身的竞争优势。

（二）差异化定位在竞争分析中的作用

差异化定位在竞争分析中起着重要的作用，可以帮助企业了解市场竞争环境、明确目标市场和优化竞争策略。

1. 了解目标市场

差异化定位帮助企业明确目标市场，并深入了解目标市场的消费者需求、偏好和行为。通过对目标市场的细分和定位，企业可以更好地了解目标市场的竞争格局和消费者特点，为竞争分析提供更准确的数据和信息。

2. 优化竞争策略

差异化定位帮助企业确定差异化的竞争策略，使企业与竞争对手形成明显的差异。通过对自身差异化策略的制定和执行，企业可以在竞争中获得优势地位。差异化定位可以为竞争分析提供策略性的参考和指导，帮助企业制定更具针对性和差异性的竞争策略。

3. 评估竞争优势

差异化定位有助于企业评估自身的竞争优势，并与竞争对手进行比较。通过对差异化定位的实施和市场反馈的评估，企业可以了解自身差异化策略的有效性和竞争优势的持续性，从而指导竞争策略的调整和优化。

（三）竞争分析与差异化定位的互动关系

竞争分析和差异化定位之间存在密切的互动关系，相互影响并相互支持。竞争分析为差异化定位提供了重要的市场信息和竞争对手的行动和策略。通过竞争分析，企业可以发现差异化定位的机会和挑战，为差异化策略的制定提供依据和指导。差异化定位的实施会对竞争分析产生影响。通过差异化定位的策略和行动，企业可能改变市场竞争格局、调整竞争对手的行动，并对竞争对手的优势和劣势进行评估和调整。

三、竞争分析与差异化定位的成功实践

案例一：苹果公司的差异化定位策略

苹果公司的差异化定位策略体现在其对产品设计和技术创新的执着追求上，它以出色的产品设计和技术创新著称，iPhone、iPad、iMac 等产品的推出都展示了苹果在设计和创新上的领先地位。这种设计和技术的差异化使得苹果的产品在市场上有了极高的识别度，并为消费者提供了独特的用户体验。

品牌形象也是苹果差异化定位策略的重要一环。苹果以创新、简约、优雅和高端的品牌形象塑造了其独特的品牌个性。其标志性的"被咬过的苹果"标志和"Think Different"广告语都深入人心，这使得苹果在消费者心中建立了独特的品牌印象。

此外，苹果非常注重用户体验。从硬件设备的设计，软件的易用性，到苹果商店的购物体验，无一不以用户为中心。苹果的产品还能形成一个完整的生态系统，让用户在各个设备之间无缝切换和同步，这为用户带来了独特的价值。

至于价格方面，苹果始终坚持高价策略，这不仅反映了其产品的高质量、高品质和高科技含量，也强化了其作为高端品牌的形象。这样的策略不仅提高了苹果的盈利水平，同时也吸引了大量寻求高质量产品的消费者。

这些差异化定位策略让苹果成功地在竞争激烈的市场中脱颖而出，建立了强大的品牌优势，并吸引了一大批忠实的消费者。

案例二：可口可乐与百事可乐的竞争分析与差异化定位

可口可乐与百事可乐是全球软饮料市场上的两大巨头，它们之间的竞争非常激烈。两者都拥有广泛的产品线，包括碳酸饮料、无糖饮料、果汁饮料等多种类别。它们的主要竞争点在品牌形象、广告投放、价格、销售渠道和创新产品等方面。

可口可乐以其标志性的红色品牌形象和独特的可乐口味而闻名，其广告策略通常集中在提供积极、快乐的生活方式，让人联想到愉快和欢乐。在全球范围内，可口可乐的销售点非常广泛，覆盖了超市、便利店、餐饮场所等多种渠道。此外，可口可乐也注重产品创新，如推出了无糖版本的 Diet Coke 和可口可乐零度等。

百事可乐尽管在全球市场份额上略逊于可口可乐，但在美国市场上，其份额与可口可乐相当。百事可乐的广告策略多样化，包括青少年潮流文化、体育营销等。此外，百事可乐的产品线较可口可乐更为广泛，包括百事可乐、山露等饮料品牌，以及多个食品品牌如乐事、多力多滋等。这使得百事在整个食品和饮料市场上的影响力更大。

可口可乐其定位主要在于提供一种欢乐、积极的生活方式，强调快乐和社区连接。这种定位通过其全球性的广告策略、标志性的品牌色彩及特有的口感得以实现。此外，可口可乐的产品线主要集中在饮料领域，以其标志性的可口可乐产品为中心。

百事可乐的定位更倾向于年轻、活力和潮流，经常通过与音乐、体育等文化元素的结合进行市场推广。此外，百事可乐的产品线比可口可乐更为广泛，不仅包括多个饮料品牌，还有多个食品品牌，形成了一个更全面的饮食生态。

可口可乐和百事可乐都通过各自独特的差异化定位策略，在全球范围内积累了大量的忠实消费者，并在饮料市场上保持了领先地位。

四、竞争分析与差异化定位的成功策略

（一）战略眼光和前瞻性思维

成功的竞争分析和差异化定位需要具备战略眼光和前瞻性思维。企业需要能够准确洞察市场趋势和消费者需求的变化，并在竞争中寻找新的机会和差异化定位的空间。通过战略眼光和前瞻性思维，企业能够预测市场变化并做出相应的调整和创新。

（二）数据驱动和市场敏感性

竞争分析和差异化定位需要基于充分的市场数据和分析。企业应该采用数据驱动的方法来收集、分析和解读市场数据，以了解消费者行为、竞争对手的优势和趋势等关键信息。同时，企业需要保持市场敏感性，及时响应市场变化，并根据数据分析结果进行决策和调整。

（三）创新能力和快速响应市场变化

创新是差异化定位的重要驱动力。企业需要具备创新能力，不断推出新产品、服务或商业模式，以满足消费者的新需求和市场的变化。此外，企业需要快速响应市场变化，及时调整战略和战术，以保持竞争优势。

（四）战略合作与资源整合

通过战略合作和资源整合，企业可以扩大其竞争优势和市场影响力。合作可以帮助企业共享资源、技术和市场渠道，提高运营效率和产品创新能力。通过与供应商、分销商、合作伙伴和其他相关方的合作，企业可以在竞争中实现更好的差异化定位。

（五）持续学习与适应能力

竞争分析和差异化定位是一个持续的过程。企业应该具备持续学习和适应能力，不断改进和调整战略和战术。通过不断学习市场趋势、竞争对手的动态和消费者的反馈，企业可以及时调整差异化定位策略，并保持竞争优势。

第四章 网络营销的关键要素

第一节 网站设计与用户体验

在网络营销中，网站已经成为个人、企业和机构在网络世界中展示自己、提供服务和与人互动的主要平台。与此同时，由于网络用户数量的激增和用户需求的日益多样化，企业对网站设计的要求也越来越高。一个良好的网站设计不仅需要具有吸引人的外观，也需要提供优质的用户体验。用户体验是一个涵盖产品的各个方面的综合概念，它包括了用户在使用产品过程中的感知、感情和行为。优秀的用户体验设计能够满足用户的需求，使用户在使用过程中感到愉悦，从而提高用户满意度和忠诚度。

一、网站设计的基本理论

1. 网站设计的定义

网站设计是指通过规划、设计和创建网页的过程，以实现特定的目标和功能。它涉及网站的外观、布局、用户界面和交互体验的设计，以及后台的技术实现。

网站设计的目标是提供一个用户友好、功能完善、易于导航和吸引人的网站，以满足特定的需求和目的。以下是一些常见的网站设计目标：

用户体验：优秀的网站设计旨在提供令用户满意的体验。这包括易于导航、加载速度快、易于阅读和理解的内容，以及直观的用户界面。

品牌形象：网站设计应与品牌形象保持一致，以确保品牌在网站上得到有效展示。使用品牌标识、颜色、字体和图像等元素，以建立统一的品牌形象。

可访问性：网站设计应考虑到不同用户的需求和能力，包括视觉障碍、听觉障碍或其他残疾。通过使用无障碍设计原则和技术，确保网站对所有用户都易于访问和使用。

目标达成：网站设计应与特定目标相匹配，例如提供产品或服务、增加销售、传达信息等。设计应优化用户的转化率，以促使他们采取预期的行动。

可维护性：良好的网站设计考虑到后续的维护和更新，使用清晰的代码结构和最佳实践，使网站易于扩展和修改。

响应式设计：随着移动设备的普及，网站设计需要适应不同屏幕尺寸和设备。响应式设计可以确保网站在各种设备上都能良好显示和操作。

总的来说，网站设计的目标是提供一个令用户满意、易于使用和具有吸引力的网站，同时传达品牌形象并实现特定的目标和功能。

2.网站设计的关键元素

网站设计包含许多关键元素，其中主要包括以下几个方面：

（1）视觉设计（Visual Design）

这是最直观的部分，包括色彩选择、字体、图片、图形元素及布局等。良好的视觉设计能够吸引用户的注意力，同时提供一种对网站内容的视觉解读。

（2）用户体验设计（User Experience Design，简称 UX）

用户体验设计关注的是网站设计如何满足用户的需求，包括设计逻辑是否合理，是否易于理解，以及是否易于使用等。良好的用户体验设计能够让用户在使用网站时感到舒适和方便。

（3）用户界面设计（User Interface Design，简称 UI）

用户界面设计是关注网站的实际操作界面，包括按钮、导航菜单、搜索框等元素的设计。用户界面设计的目标是让用户能够快速地理解如何操作网站以完成他们的任务。

（4）内容

内容是网站设计中极其重要的部分，包括文字、图片、视频等所有可以传达信息的元素。好的内容设计能够帮助用户快速找到他们需要的信息，同时也是搜索引擎优化的关键。

（5）交互设计

交互设计是关注网站与用户之间如何进行交互。包括按钮点击的反馈、表单提交的提示及页面加载的进度指示等。

每一个元素都对网站设计的成功有着关键的影响，因此在设计网站时需要对这些元素进行综合考虑。

二、网站设计的原则

设计一个优秀的网站需要遵循一些基本原则，这些原则帮助确保网站易于使用，吸引用户并满足其需求。以下是一些关键的网站设计原则：

（一）以用户为中心原则

用户应始终是设计决策的中心。这意味着设计师需要理解并尊重目标用户的需求和期望，确保设计的界面和内容能够为用户提供价值和良好的体验。

（二）清晰性和简洁性原则

一个好的网站设计应该是直观的，用户不需要费力去理解如何使用网站或找到他们需要的信息。简洁的设计可以减少用户的认知负担，使用户更容易理解网站的内容和导航结构。

（三）一致性原则

网站的设计应该在不同的页面和部分保持一致，包括颜色方案、字体、布局和导航菜单等。这可以帮助用户建立对网站的理解，也可以加强品牌的识别度。

（四）易用性原则

网站应该易于使用，用户能够快速地找到他们需要的信息或完成他们想要进行的任务。这可能涉及清晰的导航、明确的指示及易于理解的反馈等。

（五）响应式设计原则

网站应该在各种设备和屏幕尺寸上都能正常工作，提供良好的用户体验。这通常需要采用响应式设计，使网站可以根据用户设备的屏幕大小和方向自动调整布局。

（六）可访问性原则

网站应该对所有用户都是可访问的，包括那些有视觉、听力、运动或认知障碍的用户。这可能需要考虑如何使网站的内容和功能对残障用户友好，例如提供足够的对比度、清晰的文本及键盘导航等。

（七）搜索引擎优化原则

一个好的网站设计应该考虑到搜索引擎优化，以提高网站在搜索引擎中的排名，吸引更多的用户访问。这可能涉及关键字优化、元标签设置及构建高质量的外链等。

这些原则可以指导设计师创建出更优秀的网站，提供更好的用户体验，同时也满足商业目标。

三、用户体验的基本概念

用户体验（User Experience，简称 UX）是指用户在与产品、服务或系统交互过程中形成的整体感受和评价。这种交互可以包括观察、使用或消费这些产品、服务或系统。它不仅涵盖了用户的情绪、信念、偏好、知识、体验等主观因素，还包括人体工程学、可访问性、性能等客观因素。用户体验涉及的领域广泛，包括但不限于以下几个方面：

（一）有效性

在用户体验中，有效性是确保用户能够顺利完成目标和任务的重要因素。以下是有效性在用户体验中体现出的几个方面：

1. 目标实现

用户体验的有效性要求产品或服务能够帮助用户实现他们的目标。无论是购买产品、获取信息、完成交易还是执行特定操作，用户应该能够顺利、准确地完成任务。

2. 方便性

有效性与产品或服务的方便性密切相关。如果用户在使用过程中遇到困难、障碍或混淆，他们很可能无法有效地完成任务。因此，产品或服务应该提供直观、简洁和易于理解的界面和交互设计，以减少用户的认知负担。

3. 错误预防和处理

为了提高有效性，产品或服务应该尽量避免用户犯错或提供错误的操作。设计防止常见错误的机制，如输入验证、错误提示和确认对话框，以及提供简单而有效的纠错方法，有助于保持用户在任务完成过程中的顺利进行。

4. 清晰的导航和信息架构

用户在完成任务时，需要明确的导航和清晰的信息架构来指导他们操作。提供直观的导航栏、链接和标签，以及清晰的页面结构和内容组织，可以帮助用户快速找到所需的信息和功能，提高任务完成的有效性。

5.反馈和确认

为了保证有效性，产品或服务应该提供及时和明确的反馈，以确保用户了解他们的操作结果。反馈可以包括成功的提示、错误消息或状态更新等。此外，对于关键操作和决策，提供确认机制可以帮助用户避免错误并增加任务完成的有效性。

（二）效率

在用户体验中，效率是一个重要的方面，它关注用户在使用产品或服务时所需的时间和精力。以下是与效率相关的几个关键点：

1.简化操作流程

通过优化产品或服务的操作流程，减少用户需要执行的步骤和操作。简化用户与系统的交互过程，可以减少用户的认知负担和工作量，提高效率。

2.快速响应时间

产品或服务应该具备快速响应的特性。用户希望能够在执行操作后立即看到结果或获得反馈。减少加载时间、提高系统响应速度，有助于提高用户的效率感。

3.自动化和预填充

自动化和预填充功能，可以减少用户的手动输入和重复劳动。例如，保存用户偏好、自动填充表单、提供自动完成等功能，可以显著提高用户的操作效率。

4.易于访问的工具和功能

提供易于访问的工具和功能，以帮助用户更快速地完成任务。例如，提供快速导航菜单、搜索功能、书签、快捷键等，可以加速用户的操作过程。

5.提供帮助和支持

为用户提供易于访问的帮助和支持资源，可以帮助用户在遇到困难或问题时快速获取解决方案。提供清晰的帮助文档、用户指南、常见问题解答（FAQ）和在线支持等，可以提高用户的效率和满意度。

6.数据和用户个性化

利用用户的历史数据和个人偏好，为用户提供个性化的体验。通过用户的需求和偏好提供定制化的内容、推荐和功能，可以提高用户的效率和满意度。

（三）可信度

可信度关注用户对产品或服务的信任和可靠性。以下是与可信度相关的几个关键点：

1.准确的信息

确保向用户提供准确、完整和可靠的信息，包括产品描述、价格、服务条款、联系信息等。误导性或不准确的信息会破坏用户的信任感，因此必须确保信息的准确性。

2.用户隐私和安全

用户希望他们的个人信息得到保护，并且他们的隐私不会被滥用。提供透明的隐私政策和安全措施，如数据加密、安全认证和防护措施，可以增加用户对产品或服务的信任感。

3.高质量的内容和功能

提供高质量的内容和功能是增强可信度的关键。确保提供的内容准确、有用且有深度。功能应稳定可靠，符合用户期望并能够正常运行。任何糟糕的用户体验、频繁的错误或故障都会降低可信度。

4.用户评价和社交证据

用户往往会依赖其他用户的评价和社交证据来评估产品或服务的可信度。提供用户评价、客户案例、社交媒体分享和认证等可以增加用户对产品或服务的信任感。

5.可靠的客户支持

提供可靠的客户支持机制，如在线聊天、电子邮件、电话支持等。及时响应用户的问题和需求，并提供满意的解决方案，可以增强用户对产品或服务的信任感。

6.品牌声誉和信誉

建立良好的品牌声誉和信誉是增强可信度的关键。通过提供高品质的产品和服务，履行承诺，与客户建立长期的关系，可以建立用户对品牌的信任和忠诚度。

（四）乐趣性

乐趣性是用户体验的重要方面，它关注用户在使用产品或服务时的情感体验和享受。以下是与乐趣性相关的几个关键点：

1.创造愉悦的界面和设计

通过使用吸引人的颜色、图像和视觉效果，设计界面和布局，以创造积极的情感体验。引入有趣和富有创意的设计元素，可以增加用户对产品或服务的兴趣和喜爱。

2.交互的互动性

提供互动性的交互设计，使用户能够积极参与并享受与产品或服务的互动过程。例如，使用动画、拖放、滑动等交互效果，使用户感到有趣和愉悦。

3.游戏化元素

引入游戏化的元素，例如挑战、奖励、成就等，可以增加用户的参与度和乐趣，通过设定目标、提供反馈和奖励机制，激发用户的兴趣和动力。

4.个性化和定制化体验

为用户提供个性化和定制化的体验，使他们感到被重视和独特，通过用户的偏好和兴趣提供定制的内容、推荐和功能，可以增加用户的参与度和满足感。

5.感情共鸣

通过创造与用户情感共鸣的故事、品牌形象和内容，可以增强用户的情感连接和喜爱度，引发用户情感上的共鸣和积极情绪，有助于建立长期的用户忠诚度。

6.社交互动和分享

提供社交互动和分享的功能，使用户能够与其他用户进行交流、共享和互动。促进用户之间的连接和社交体验，增加用户的参与度和满足感。

用户体验的内涵非常丰富，它不仅仅关注产品、服务或系统的功能性，还关注其与用户情感、价值等更深层次的联系。

四、用户体验在网络营销中的重要性

在网络营销中，用户体验扮演着至关重要的角色。理解并优化用户体验，可以帮助企业更有效地吸引并留住用户，同时提高转化率，从而推动商业成功。

第一，提高用户满意度。优秀的用户体验可以增强用户满意度。当用户在网站或应用中获得愉快的体验，他们更可能感到满意，这种满意感可以提高用户的回访率，进一步促成用户忠诚度的建立。

第二，提升品牌形象。用户体验是塑造品牌形象的关键因素之一。用户在使用产品或服务过程中的体验，无论好坏，都会对他们对品牌的感知产生影响。良好的用户体验可以增强品牌的正面形象，从而增加用户对品牌的信任和忠诚度。

第三，增加转化率。用户体验直接影响转化率。当用户可以轻松找到他们需要的信息，方便快捷地完成购买、注册或其他操作时，他们更可能完成转化。反之，若用户体验不佳，可能会导致用户离开，从而损失潜在的销售机会。

第四，降低获取新用户的成本。用户体验对口碑营销有很大影响。用户如果对网络服务或产品的体验满意，他们就更可能主动推荐给其他人，这可以帮助企业降低获取新用户的成本。

第五，优化搜索引擎排名。搜索引擎，如谷歌、百度，越来越多地将用户体验作为其排名算法的一部分。良好的用户体验（如低跳出率、高页面停留时间等）可以帮助提高搜索引擎排名，从而吸引更多的流量。

综上所述，用户体验在网络营销中具有重要的作用，任何追求长期成功的网络营销策略都必须将其作为核心要素来考虑。

五、网站设计对用户体验的影响

网站设计对用户体验的影响是深远的。网站的设计和布局、用户交互、颜色、字体及图片等元素的使用都会直接影响用户的感受和使用体验。假设一个网站的设计非常复杂，页面布局混乱，用户找不到他们需要的信息或者功能。这种情况下，用户可能会感到困扰甚至沮丧，这样的用户体验显然是负面的。相反，如果一个网站的设计清晰易懂，用户可以轻易地找到他们需要的信息和功能，那么他们的体验就会变得愉快和积极。又如，研究表明颜色能够引发用户的情绪反应。如果一个网站的颜色搭配和谐且符合目标用户群体的审美，用户在使用该网站时可能会有更好的情绪，这将直接提升用户体验。

亚马逊的网站设计是一个很好的例子，说明了网站设计如何提升用户体验。亚马逊网站的搜索功能很强大，能够快速地帮助用户找到他们想要的产品。此外，亚马逊还采用了推荐系统，通过分析用户的浏览和购买历史，推荐相关的商品。这使得用户在浏览亚马逊网站时，能够发现他们可能感兴趣的新产品，从而提升了购物体验。

苹果公司的网站设计以简洁和易用性著称。网站的设计风格和苹果的产品风格相一致，给人一种高质感的体验。网站的导航栏设计得很清晰，让用户很容易就能找到他们想要的信息。同时，苹果网站的产品页面采用了大量的图片和动画，这使得产品介绍更加生动和有趣。

这些案例都说明，网站设计是影响用户体验的关键因素。好的网站设计能够让用户在使用网站时感到愉快和满足，从而提升用户对网站和品牌的好感度。

六、网络营销中提升用户体验的网站设计策略

（一）可用性设计策略

提升网站可用性是改善用户体验的重要途径，具体可以从以下几个方面着手：

首先，简化导航。用户应该能够直观地理解如何在网站上进行导航。清晰、逻辑性强的导航菜单能够帮助用户更容易找到他们需要的信息。设计师可以将重要的链接或按钮放在显眼的位置，使用熟悉的图标和标签，以降低用户的学习成本。

其次，增加网站的文本内容易读性和可理解性。可以通过合适的字体、颜色、行间距、段落布局等方式来提高文本的可读性。此外，还可以利用标题、子标题、列表和图像等元素，使内容更加结构化和易于扫读。

再次，优化搜索功能。一个有效的搜索功能可以帮助用户快速地找到他们需要的信息，尤其是在内容繁多的网站中。设计师可以通过提供自动完成、过滤器和排序选项等功能，来增强搜索的效果和易用性。

同时，网站设计应避免复杂的操作步骤，尽量使用户的任务更简单。例如，注册和结账过程应尽可能简洁，错误信息应明确并提供解决方案，表单的填写应提供适当的提示和自动完成等。

最后，要提升网站的性能。网站的加载速度对用户体验有重要影响。如果网站加载缓慢，用户可能会感到不耐烦甚至离开网站。设计师可以通过优化图片和代码、使用缓存和 CDN 等方式，来提高网站的性能。

（二）可访问性设计策略

设计的可访问性是指设计的产品，如网站或应用程序，应适用于所有人，包括具有各种能力和处境的人。可访问性设计不仅有助于为残疾人士提供更好的使用体验，同时也使得老年人、临时受限的用户和那些在复杂环境中访问网站的人受益。以下是一些提高网站可访问性的设计原则：

1. 色彩对比度

应保证足够的色彩对比度，使色弱或视力受限的人也能分辨出文本和背景。可以使用在线工具，如 WebAIM 的色彩对比度检查器，来验证颜色选择。

2. 键盘可访问性

有些人可能无法使用鼠标，如身体残疾人士或者视力受限人士，他们可能会依赖键盘或者语音识别软件来操作网站。为此，网站应确保所有功能和内容都可以通过键盘来访问。

3. 清晰的文本和布局

应选择易于阅读的字体，并保证文本的大小可以调整。此外，信息和控件的布局应清晰且一致，以帮助用户理解和导航。

4. 提供文本替代

对于非文本的内容，如图片和视频，应提供文本替代，例如 alt 标签或者字幕，这样用户即使无法看到或听到这些内容，也能了解其含义。

5.考虑不同的设备和浏览器

网站应能在各种设备和浏览器上正常运行。例如，网站应能适应大小不同的屏幕，同时也要考虑到老式浏览器的兼容性。

6.易于理解和使用

内容和操作应尽可能简单易懂，可以提供明确的指示和反馈，避免使用可能让用户困惑的行业术语。

7.添加无障碍功能

如屏幕阅读器友好的元素、增大字体的选项等，这些都可以帮助特定用户群体更好地使用网站。

（三）吸引力设计策略

使用视觉设计元素可以有效地增加网站的吸引力。以下是一些关于如何利用颜色、图形和排版等元素来增强网站吸引力的建议：

1.颜色选择

选择合适的颜色方案可以为网站增添吸引力。不同颜色传递不同的情感和氛围。鲜明的、饱和度高的颜色可以吸引用户的注意力，而柔和的、调和的颜色则可以营造出舒适和温和的感觉。注意使用品牌颜色或与品牌形象相符的配色方案，以增强品牌识别度。

2.图形元素

使用图形元素可以增加网站的视觉吸引力。图标、插图、照片等图形元素可以用于装饰和增强内容的可视化效果。确保图形元素与网站的主题和内容相一致，以营造出统一的视觉风格。同时，注意图形的质量和清晰度，以确保其对网站的吸引力。

3.排版和字体选择

优秀的排版和字体选择能够提升网站的可读性和美观度。应选择易于阅读的字体，并确保字体的大小和行距合适。合理的排版可以提高信息的组织和呈现效果，使用户能够轻松阅读和浏览内容。

4.空白和布局

合理利用空白和布局可以增强网站的视觉吸引力。空白可以帮助减少页面的混乱感，并使关键内容更加突出。使用网格系统和对齐原则来创建平衡和谐的布局，确保网站的整体美观和可读性。

5.动画和过渡效果

适度使用动画和过渡效果可以为网站增加一定的吸引力。动态元素、过渡效果和微妙的动画，可以吸引用户的注意力和兴趣。但要注意不要过度使用，以免干扰用户的注意力或增加页面加载时间。

最重要的是，设计元素的使用应该与网站的目标和受众定位保持一致。视觉设计元素应该与品牌形象相符，同时考虑到目标用户的喜好和行为模式。综合运用这些视觉设计元素，可以打造出吸引人、美观且与品牌形象一致的网站设计。

第二节　搜索引擎优化与搜索引擎营销

随着互联网的普及，搜索引擎已经成为了人们获取信息的主要渠道。为了在众多的网站中脱颖而出，搜索引擎优化（SEO）和搜索引擎营销（SEM）已经成为数字营销领域的重要工具。SEO 主要通过优化网站，提高其在搜索引擎自然搜索结果中的排名，从而提高网站的可见性和流量。而 SEM 则通过在搜索引擎的广告位置投放付费广告，直接吸引潜在客户，增加网站流量和转化率。

虽然 SEO 和 SEM 的目标都是提高网站的可见性和流量，但它们的方法和策略有很大的不同。理解这些差异，以及有效地整合和利用 SEO 和 SEM，对于提高网站的营销效果具有重要意义。因此，本部分内容的主要目标是研究和分析 SEO 与 SEM 的理论和实践，以及如何整合这两种工具以实现最大的营销效果。

一、搜索引擎营销（SEM）的基本理论和实践

（一）搜索引擎营销的含义及其重要性

搜索引擎营销（Search Engine Marketing，简称 SEM）是一种在线营销策略，其主要目的是通过提高网站在搜索引擎结果页面中的可见性来增加网站流量。

搜索引擎营销在当今数字化营销中的重要性不容忽视。随着互联网的普及和便捷，人们越来越倾向于在线搜索产品和服务信息。搜索引擎成为获取信息的主要途径，而 SEM 则可以帮助企业在搜索结果中获得优势，吸引潜在客户。

搜索引擎营销允许公司根据关键词、地理位置、用户行为等因素定向投放广告，可以准确地触达有需求的目标受众，从而提高转化率。SEM 提供了丰富的数据分析工具，企业可以实时监控和调整其广告策略，确保投资的有效性和效率，通过分析用户的搜索行为、点击率、转化率等数据，可以不断优化 SEM 策略以实现最佳效果。

无论是通过付费广告还是通过优化提高自然排名，SEM 都可以显著增加品牌在搜索引擎结果页面（SERP）的可见性，增强品牌曝光度和知名度。并且与传统营销方式或其他数字营销策略相比，SEM（特别是付费搜索广告）可以在短时间内带来明显的流量和销售增长。

电子商务的飞速发展使得许多公司已经意识到 SEM 的重要性并投入使用，若企业忽视了这一点，可能会失去与竞争对手抗衡、吸引潜在客户的机会。搜索引擎营销的重要性不言而喻。

（二）搜索引擎营销的主要组成部分

搜索引擎营销主要由两大部分组成：搜索引擎优化（SEO）和付费搜索广告（PPC）。

搜索引擎优化是提高网站在搜索引擎结果页面中自然排名的过程。它涉及各种策略和技术，包括关键词研究、内容优化、网站结构优化、链接建设、用户体验优化等。SEO 的目标是优化网站以获得更多的无偿流量。

付费搜索广告也称为付费排名或点击付费，这是一种在搜索引擎结果页面显示广告的策

略。只有当用户点击广告时广告主才需要支付费用，因此又称为每点击一次付费（Pay Per Click，PPC）。这种策略可以让广告主在短时间内在搜索结果页面上获取显眼的位置，从而吸引更多的流量。

在一个完整的 SEM 策略中，SEO 和 PPC 往往会同时使用。SEO 可以提供长期稳定的流量，而 PPC 则可以在需要时提供即时的流量。两者结合可以最大限度地提高网站在搜索引擎结果页面的可见性。

（三）搜索引擎营销的有效策略

在网络营销中，有效的搜索引擎营销（SEM）策略是关键。以下是一些 SEM 策略的关键组成部分：

1. 关键词研究

关键词是 SEM 策略的基础，因此需要花费时间和精力进行详细的关键词研究，找出与产品或服务相关，而且用户经常搜索的关键词。这包括长尾关键词（具有三个或更多词的具体搜索短语），它们可能的搜索量较小，但转化率较高。例如美国最大的在线鞋类和服装零售平台 Zappos 使用了大量的长尾关键词广告，以捕获特定的、可能转化为销售的搜索查询。

2. 网站优化

网站需要针对搜索引擎进行优化，以便在搜索结果中获得更高的排名。这包括优化元标签（例如标题标签和元描述），创建高质量和关键词优化的内容，优化网站结构，提高网页加载速度，提供良好的移动体验等。

3. 创建高质量的付费广告

对于付费搜索广告部分，需要创建吸引人的广告副本，强调产品或服务的独特卖点。同时，关键词应该与广告副本和目标页面的内容紧密相关，以提高广告质量分数并降低每次点击的成本。

宜家是全球最大的家具零售商，公司利用 SEM 进行精准的广告投放。比如在百度搜索中，如果你搜索"沙发"，可能会看到这样的宜家广告：

广告标题："宜家 | 舒适实用的沙发"

广告描述："在宜家，我们有各种风格和尺寸的沙发，适合每个家庭。快来找到你的完美沙发。在线购买，享受快捷配送服务。"

显示网址："www.ikea.com/sofas"

呼吁行动："立即购买，为你的家添加舒适。"

在这个广告中，宜家以其产品的各种风格和尺寸为卖点，针对寻找家具的消费者。同时，它还利用在线购买和快捷配送的便利性来吸引那些寻求便利和快捷的消费者。

通过这样的 SEM 策略，宜家能够在搜索引擎结果页中立即获得可见性，从而吸引和引导消费者访问其网站，提高产品销售。

4. 进行 A/B 测试

一般来说，进行 A/B 测试可以帮助了解哪些元素对于网站访问者更具吸引力。这可能包括广告标题、描述、网站设计元素、落地页内容等。

5.监控和调整策略

SEM 需要持续的监控和调整。要密切关注关键的性能指标，例如点击率（CTR），每次点击成本（CPC）、转化率等，并根据这些数据调整策略。

总之，在制定 SEM 策略时，重要的是要始终关注目标受众的需求和行为，以此来引导所有的 SEM 活动。同时，要理解 SEM 是一个持续的过程，需要随着市场的变化和策略效果的变化不断进行调整。

（四）搜索引擎营销面临的挑战

虽然 SEM 在过去几年取得了巨大的成功，但它仍然面临一些挑战。以下是搜索引擎营销面临的一些主要挑战：

1.竞争压力的增加

随着更多企业和品牌意识到 SEM 的潜力，市场上的竞争变得更加激烈。这导致了关键词竞价的上升和广告费用的增加。更多的竞争对于那些预算有限的企业来说可能是一个挑战。

2.广告平台变化

搜索引擎提供商不断改进和调整他们的广告平台和算法。这些变化可能导致广告主需要不断适应和调整他们的策略和技术。例如，Google 经常更新广告排名算法和广告标准，这对广告主来说可能是一个挑战。

3.广告平台滥用和欺诈

一些不诚实的广告主可能使用欺诈手段来提高他们的广告排名或点击量，从而扭曲竞争环境。搜索引擎公司为了应对这些问题，不断改进他们的反欺诈措施，但这也增加了合规和质量控制的要求。

4.广告视觉疲劳

对于那些经常使用搜索引擎的用户来说，广告可能变得令人厌烦和无趣。这种广告视觉疲劳可能导致用户忽略广告，从而减少广告的点击率和转化率。

5.搜索引擎算法的不断演变

搜索引擎的算法不断演变和改进，以提供更好的搜索结果。这对于搜索引擎营销者来说是一个挑战，因为他们需要持续跟踪和理解这些变化，并相应地调整他们的策略和优化技术。

6.广告屏蔽和隐私保护

越来越多的用户使用广告屏蔽软件和工具来阻止显示广告，这给广告主带来了曝光和触达目标受众的挑战。此外，随着隐私保护意识的提高，搜索引擎也在采取措施限制广告主对用户数据的使用，这对于广告定向和个性化广告投放构成了挑战。

面对这些挑战，搜索引擎营销者需要不断学习和适应新的策略和技术。他们需要保持与搜索引擎公司的合作关系，关注市场趋势，并优化他们的广告和网站内容，以提高可见性、吸引流量和获得更好的转化率。

二、搜索引擎优化（SEO）的基本理论和实践

（一）搜索引擎优化的定义及重要性

搜索引擎优化（Search Engine Optimization，简称 SEO）是一种策略和技术的集合，其目

的是通过了解搜索引擎的运行机制、人们常用的关键词等信息，来提高特定网站在搜索引擎自然（无偿）搜索结果中的排名，以提高其网站流量，提升品牌知名度或增加潜在客户。

搜索引擎优化主要分为两大部分：站内优化和站外优化。站内优化包括优化网站的结构、内容、代码等方面以提高网站在搜索引擎中的可见性；站外优化则主要是通过获取外部链接、社交媒体营销、内容营销等方式提高网站的信誉和排名。搜索引擎优化的重要性主要体现在以下几个方面：

1.提高网站流量

搜索引擎是用户获取信息和解决问题的首要渠道。通过优化网站，使其在搜索引擎结果页面中获得更高的排名，可以吸引更多的有意向的访问者。这些访问者是对产品、服务或内容感兴趣的潜在用户，可以为网站带来更多的曝光和机会。

2.提升用户体验

搜索引擎优化不仅仅关注排名和可见性，还关注网站的用户体验。为了提高排名，网站需要提供高质量的内容、良好的导航和友好的用户界面，以确保用户能够快速找到他们需要的信息。通过优化用户体验，网站可以增加用户满意度和留存率。

3.建立品牌认知

当网站在搜索引擎中获得较高的排名时，用户更有可能看到和记住该品牌。在搜索引擎中的可见性，可以增加品牌的曝光和认知度，使用户更容易将品牌与特定的产品或服务联系起来。这有助于建立品牌的信任和声誉。

4.提高转化率

通过搜索引擎优化，网站能够吸引到有意向的访问者。这些访问者更有可能转化为潜在客户、注册用户。通过针对相关关键词和受众群体的优化，可以提高网站的转化率，增加业务的收益。

5.长期效益和可持续性

与付费广告相比，搜索引擎优化具有长期效益和可持续性。一旦网站在搜索引擎中获得良好的排名，它可以持续吸引流量和用户，并为网站提供持久的曝光。相比之下，付费广告在停止投入资金后，立即失去曝光和流量。

6.竞争优势

在竞争激烈的市场中，搜索引擎优化可以帮助网站脱颖而出，获得竞争优势。通过优化网站，使其在搜索结果中排名靠前，可以吸引更多的点击和流量，减少竞争对手的可见性和曝光。这有助于企业在市场中树立领导地位。

（二）搜索引擎优化的主要组成部分

搜索引擎优化（SEO）是一项复杂且多元化的任务，其核心组成部分包括关键词研究、网站优化、链接建设等。

首先是关键词研究，它是整个 SEO 策略的基础。关键词研究主要是发现和识别潜在目标用户在搜索引擎中可能会输入的词汇和短语。这一步骤需要对特定业务领域进行深入研究，以理解潜在用户可能采用的搜索查询方式。关键词研究的目的是找出那些具有较高搜索频率且竞争程度相对较小的关键词，以便在搜索结果中取得优势。

确定了关键词后，接下来便是网站优化。这一步骤包括对网站的内容、设计和技术实施优化，以提高搜索引擎对网站的可读性和理解性。例如，包括优化元标签（如标题标签和meta描述），创建高质量、原创的内容，以及提升网站的加载速度等。

然后，需要进行链接建设，也就是增加从其他网站到目标网站的链接数量和质量。这些外部链接被视为搜索引擎的一种信号，表明目标网站的权威性和可信度。链接建设可以通过多种方式进行，如内容营销、合作伙伴关系或者是媒体公关活动。

这些策略并非孤立存在，而是互为影响，共同构成了一个完整的搜索引擎优化计划。通过对关键词研究、网站优化和链接建设的持续和综合实施，可以有效地提高网站在搜索引擎中的排名，从而吸引更多的用户流量，最终实现转化目标。

（三）搜索引擎优化策略

根据搜索引擎算法和用户需求，网络营销工作者需要遵循一系列有效的策略和方法来优化网站。以下是一些SEO建议：

1.关键词研究和优化

进行详尽的关键词研究，确定与目标受众相关的关键词，并将其合理地应用于网站的标题、描述、内容和标签中。关键词应自然地融入内容，避免过度堆砌。

2.内容质量和相关性

提供高质量、有价值的内容，满足用户的需求和搜索意图。内容应该丰富、原创，并围绕关键词进行优化。确保内容的相关性和更新性，以吸引用户和搜索引擎的注意。

3.用户体验优化

关注网站的导航、布局、页面加载速度、移动响应性和易用性等方面，提供良好的用户体验。使网站易于导航、内容易于阅读，同时确保页面加载速度快，以提高用户留存率和满意度。

4.技术优化

确保网站的技术方面符合搜索引擎的要求，包括网站的速度优化、网站结构和代码的优化、网站的安全性和可访问性等。优化网站的技术能力，使搜索引擎能够有效地抓取和索引网站的内容。

5.链接建设

积极获取高质量的外部链接，以提高网站的权威性和可信度。这包括与相关网站的合作、创建有价值的内容以吸引自然链接、社交媒体推广和目录提交等。

6.数据分析和优化

使用网站分析工具，监测和分析网站的流量、用户行为和转化率。根据对数据的洞察，调整和优化SEO策略，以获得更好的结果。

（四）搜索引擎优化的挑战

然而，在实施搜索引擎优化的过程中，也会面临一些挑战。以下是一些常见的挑战：

1.搜索引擎算法变化

搜索引擎经常更新其算法和规则，以提供更好的搜索结果。这可能导致网站的排名和可见性出现波动。因此，跟踪并适应这些变化是一个挑战，需要定期更新和优化网站。

2.激烈的竞争

许多行业都存在激烈的竞争，这使得在搜索引擎中获得良好的排名变得更加困难。需要对竞争对手进行研究，并采取差异化的策略，以脱颖而出并提高排名。

3.长期性和耐心

搜索引擎优化是一个长期的过程，结果不会立即显现。需要耐心和持久性来持续进行优化工作，并等待结果的积累。

4.技术复杂性

对于一些技术知识较少的人来说，理解和实施技术优化可能是一项挑战。需要与开发人员或 SEO 专家合作，以确保网站的技术方面得到适当的优化。

5.多变的搜索行为和趋势

用户的搜索行为和偏好也会随着时间变化。因此，需要不断跟踪和了解用户的需求和趋势，并相应地调整 SEO 策略。

克服这些挑战需要持续的学习、灵活性和战略性思考。根据最佳实践并适应变化，可以增加成功实施 SEO 的机会并获得可持续的结果。

三、搜索引擎优化与搜索引擎营销的相互作用

搜索引擎优化（SEO）和搜索引擎营销（SEM）是两个紧密相关的概念，它们相互作用并共同促进网站的可见性和流量增长。

SEO 旨在通过优化网站的结构、内容和链接等方面，提高网站在搜索引擎自然搜索结果中的排名。它的目标是通过有机方式吸引更多的流量和用户，从而提高网站的可见性和知名度。SEO 需要进行关键词研究，确定用户搜索的关键词，并将其纳入网站内容中。此外，SEO 还包括技术优化，例如改善网站的加载速度、提高移动设备友好性等。通过长期持续的优化工作，SEO 可以在搜索引擎结果中获得更高的排名，并带来持久的流量和用户。

而 SEM 则是一种通过支付广告费用，在搜索引擎中购买广告位，以提高网站曝光和点击量的方式。SEM 通常是基于竞价模式，广告主通过出价购买与特定关键词相关的广告位。SEM 的优势在于可以迅速地获得流量和曝光，尤其适用于新网站或需要迅速增加可见性的情况。SEM 广告通常以文本形式出现在搜索结果页面的顶部或侧边，标有"广告"标签，以与自然搜索结果区分开来。

SEO 和 SEM 之间存在相互作用和互补关系。首先，关键词研究是它们的共同基础。SEM 的关键词研究可以为 SEO 提供宝贵的数据和见解，帮助确定高价值的关键词。其次，数据共享是它们相互影响的重要方面。SEM 提供的数据，如广告点击率、转化率和投资回报率（ROI），可以帮助 SEO 优化决策，指导优化哪些关键词和网页内容。此外，SEM 可以为 SEO 带来快速的流量和曝光，而 SEO 则为 SEM 提供长期的有机排名支持，共同实现更全面的搜索引擎营销效果。最后，数据驱动的优化是 SEM 和 SEO 的共同特点。通过持续监测和分析数据，SEM 和 SEO 可以相互影响并进行精细调整，以提高整体营销效果。SEM 的数据分析可以优化广告投放策略，SEO 的数据分析可以改进网站内容和结构。这种数据驱动的优化过程有助于不断提升网站的可见性、流量和转化率。

四、SEO 和 SEM 的整合途径

要实现最大的营销效果，可以通过以下方式整合 SEO 和 SEM：

1. 统一关键词策略

SEO 和 SEM 都需要关键词研究，因此确保在 SEO 和 SEM 活动中使用一致的关键词策略非常重要。确定高价值的关键词，并在 SEO 的网站优化和 SEM 的广告投放中使用它们。通过统一的关键词策略，可以确保在搜索结果中同时获得有机排名和付费广告的曝光，提高网站的可见性。

2. 互相借鉴数据

SEM 和 SEO 的数据分析互相借鉴，可以实现更精确的优化。SEM 提供的广告点击率、转化率和 ROI 数据可以为 SEO 优化提供宝贵的见解。根据 SEM 的数据，确定哪些关键词和广告表现良好，然后在 SEO 中加强这些关键词的优化。同样，通过 SEO 的数据分析，可以了解哪些关键词和网站内容在自然搜索结果中表现良好，然后在 SEM 中加强对这些关键词的广告投放。

3. 跨渠道一体化营销

将 SEO 和 SEM 与其他数字营销渠道进行整合，形成一体化的营销策略。例如，将 SEM 广告与社交媒体广告和电子邮件营销相结合，以提高品牌曝光和用户互动。通过综合利用不同的数字营销渠道，可以扩大覆盖面，吸引更多潜在客户。

4. 持续优化和测试

SEM 和 SEO 都需要持续的优化和测试。通过持续监测和分析数据，发现哪些策略和关键词表现最佳，然后对其进行进一步优化。测试不同的广告文本、网站内容和元标签等因素，以找到最有效的组合，通过不断优化和测试，可以不断提升整体的营销效果。

5. 共享经验和知识

SEM 和 SEO 团队之间的沟通和合作非常重要。分享 SEM 和 SEO 的经验和知识，让团队成员相互学习和借鉴。定期召开会议，共同讨论和分析数据，以制定更有效的整体策略。

总之，通过充分利用这两种策略的优势，可以提高网站的可见性、流量和转化率，实现更全面、长期和成功的搜索引擎营销。

第三节　社交媒体营销与影响力营销

社交媒体的崛起引发了营销领域的革命性变化。企业和品牌意识到，社交媒体平台不仅建立与消费者直接联系的渠道，还提供了一个开展营销活动和推广产品的广阔舞台。与此同时，影响力营销作为一种强有力的策略，通过与有影响力的个人或意见领袖合作，以传播品牌信息并影响消费者行为。社交媒体营销和影响力营销已经成为企业和品牌成功实现目标的重要组成部分。

一、社交媒体营销的概述

（一）社交媒体的定义和发展

1.社交媒体的定义

社交媒体是指通过互联网和移动通信技术，以用户生成的内容和互动为基础，实现用户之间的社交、交流和信息分享的在线平台。它是一种以用户为中心的数字媒体形式，鼓励用户参与、创造和共享内容。

社交媒体的定义可以从不同角度和学者的观点来理解。根据美国社交媒体研究者 Danah Boyd 的定义，社交媒体是"一种允许个人和集体在在线空间中相互交流、互动和分享信息的工具和平台"。在中国，社交媒体被广泛定义为社交网络和微博平台。

2.社交媒体的历史和发展

社交媒体在中国的发展经历了一系列重要的阶段和里程碑。2005 年，中国的社交媒体市场迎来了一个重要的转折点，新浪微博的推出引领了微博时代的开始。新浪微博成为中国最早的社交媒体平台之一，用户可以发布短文、图片和视频，并与其他用户进行互动和分享。

随着移动互联网的普及，中国社交媒体市场迅速发展。微信于 2011 年推出，成为了中国最大的社交媒体平台之一，除了社交功能，微信还提供了支付、购物、新闻等一系列服务。其他知名的社交媒体平台，如 QQ 空间、抖音、快手、小红书等也在中国市场蓬勃发展。

社交媒体对个人和社会在中国产生了深远的影响。在个人层面上，社交媒体改变了人们的交流方式和社交行为。通过社交媒体，人们可以方便地与朋友、家人和同事保持联系，分享生活中的重要时刻和见解。社交媒体在中国也对信息传播和舆论形成产生了重大影响。通过社交媒体平台，人们可以迅速传播和分享新闻、事件和观点，使信息传播更加迅速和广泛。

在商业领域，社交媒体成为中国企业进行市场营销、品牌推广和客户互动的重要渠道。通过社交媒体，企业可以与潜在客户建立直接联系，增加品牌曝光和用户参与度。然而，社交媒体在中国也面临一些挑战和问题。例如，信息真实性、网络安全和隐私保护成为了人们关注的焦点。社交媒体还可能导致信息过载、时间浪费和虚拟社交等问题。

社交媒体在中国的未来发展将受到新技术和市场需求的影响。随着 5G 技术的普及和人工智能的应用，社交媒体平台将更加智能化、个性化和互动性。预计在未来，社交媒体平台将进一步融合电子商务、在线教育和虚拟现实等领域，提供更多元化的服务。

（二）社交媒体的特点与优势

1.用户生成内容

社交媒体的核心特点是用户生成的内容。与传统媒体相比，社交媒体允许普通用户发布、分享和传播各种形式的内容，包括文本、图片、视频和音频等。这种用户生成的内容使社交媒体更加多样化、个性化和有趣。

2.网络互动

社交媒体平台提供了各种互动功能，使用户能够与其他用户直接交流和互动。例如，用户可以进行点赞、评论、分享和转发等操作，促进了用户之间的互动和社交连接。这种网络互动增强了用户参与度和社区感。

3. 社交连接

社交媒体的目的是帮助用户建立和维护社交关系。通过社交媒体，人们可以与朋友、家人和同事保持联系，并扩展社交圈子。社交媒体提供了搜索功能、好友推荐和群组功能，使用户能够找到具有共同兴趣和背景的人，并与他们进行互动。

4. 实时信息传播

社交媒体平台提供了实时更新和即时通知的功能，使用户能够及时获取新闻、事件和信息。用户可以关注媒体、名人、机构和朋友等不同的账户，获取他们发布的最新消息和动态。这种实时信息传播使社交媒体成为了人们了解时事和获取资讯的重要渠道。

5. 广泛的用户参与

社交媒体是一个开放的平台，允许任何人参与其中。用户可以自由地表达自己的观点、意见和创作，与其他用户进行交流和互动。这种广泛的用户参与创造了一个多样化的社交环境，促进了创新、合作和共享。

6. 强大的传播力和影响力

由于社交媒体的广泛用户参与和信息传播特性，它具有强大的传播力和影响力。优质内容和有趣的信息可以在社交媒体上迅速扩散，并引起广泛关注和讨论。这使得社交媒体成为了品牌推广、舆论引导和社会影响的重要工具。

7. 客观数据分析

社交媒体平台提供了丰富的数据分析工具，帮助用户了解自己的受众和用户行为。通过分析用户的喜好、兴趣和行为，用户可以优化自己的内容和营销策略，提高互动效果和用户参与度。

（三）我国社交媒体平台的种类和特点

在中国，存在着多种不同类型的社交媒体平台，每种平台都具有不同的特点和用户群体。以下是一些主要的中国社交媒体平台：

微信（WeChat）：

微信是中国最大的社交媒体平台之一，也是一款全功能的移动通信应用。除了传统的即时通讯功能外，微信还提供朋友圈、公众号、小程序等功能。用户可以发送文本、语音、图片、视频和表情等，与朋友和家人保持联系，还可以关注公众号获取新闻、订阅服务等。

微博（Weibo）：

微博是中国最早的社交媒体平台之一，类似于推特（Twitter）。用户可以发布文字、图片、视频等内容，并与其他用户进行互动和关注。微博是一个公共平台，用户可以关注明星、机构、媒体等，获取各种实时信息和热门话题。

QQ：

QQ 是中国最大的即时通讯软件之一，也具备社交媒体的特点。用户可以通过 QQ 号码添加好友，并进行文字、语音、视频通话和在线聊天。QQ 空间是 QQ 的一个衍生功能，用户可以发布动态、写日志、分享照片等，并与好友互动。

抖音（TikTok）：

抖音是一款短视频社交媒体应用，用户可以拍摄和分享 15 秒至 60 秒的短视频内容。抖音以音乐、舞蹈、搞笑等内容为主，用户可以观看、点赞、评论和分享视频，并与其他用户互动。

快手（Kuaishou）：

快手是中国最大的短视频社交平台之一。用户可以录制、编辑和分享短视频，内容涵盖了生活、美食、旅行、才艺等各个领域。快手也提供了互动功能，用户可以点赞、评论和关注其他用户的视频。

小红书（RED）：

小红书是中国知名的社交电商平台，用户可以在平台上分享和浏览购物心得、美妆、时尚、旅行等的经验和推荐。小红书以用户生成的内容为主，用户可以发布文字、图片、视频和评价，并与其他用户进行互动和分享。用户可以在平台上直接购买商品，并参与直播带货。

每个平台都有自己独特的特点和功能，满足用户在社交、通信、信息分享和购物等方面的需求。

（四）社交媒体在营销中的应用

社交媒体在营销中扮演了重要的角色，其影响力越来越大。它为品牌提供了直接与消费者互动和传播消息的途径，同时也为获取消费者洞察提供了重要的数据。以下是社交媒体在营销中的一些主要应用：

1. 提高品牌意识

社交媒体平台是提高品牌意识的有效途径。通过定期发布内容，参与话题讨论，与用户互动，品牌可以在社交媒体上建立和加强其在线存在感。

2. 有利于社区建设

社交媒体允许品牌建立和培养一个忠诚的粉丝群体或社区。这可以通过回复用户评论，发布用户参与度高的内容（例如挑战或赠品），或者创建品牌专属的话题标签等方法实现。

3. 提供客户服务

许多消费者现在选择在社交媒体上与品牌进行交流，这提供了一个实时解决问题和处理投诉的平台。对品牌来说，这是提升客户满意度和建立积极品牌形象的好机会。

4. 产品推广和销售

社交媒体广告及社交购物功能（如抖音、快手、小红书的购物功能）使品牌可以直接在社交媒体上进行产品推广和销售。

5. 消费者洞察

社交媒体提供了大量关于消费者行为和喜好的数据，品牌可以通过对这些数据的分析来获得关键的消费者洞察，从而更好地调整其产品、服务和营销策略。

6. 影响者营销

品牌可以与社交媒体影响者合作，利用他们的影响力来扩大品牌的覆盖面，提升品牌形象，或者促进产品销售。

要有效地在社交媒体上进行营销，品牌需要制定一个全面的社交媒体策略，明确其社交媒体目标，选择合适的社交媒体平台，创建吸引人的内容，并定期跟踪和评估其表现。

二、影响力营销的概述

（一）影响力营销的定义和演变

1.影响力营销的定义

影响力营销（Influence Marketing）是一种营销策略，通过与具有社交影响力和关注度的个人或群体合作，利用他们的声誉和影响力来推广产品、品牌或服务。影响力营销的核心理念是通过借助这些影响者的影响力，将品牌的信息传达给目标受众，并借助他们的推荐和认可来影响消费者的购买决策。

随着社交媒体的崛起，影响力营销得到了进一步的发展和普及。社交媒体平台上存在着许多拥有大量粉丝和追随者的个人，他们通过分享内容、建立关系和互动来建立自己的影响力。品牌可以与这些影响者合作，通过他们的社交媒体渠道和声誉来传播品牌信息，并与目标受众建立连接。

2.影响力营销的演变

在互联网和社交媒体出现之前，口碑营销是一种主要的影响力营销方式。口碑营销依靠人们之间的口口相传和推荐，通过满意的用户来推广产品和服务。随着社交媒体的兴起，个人通过社交媒体平台分享和发布内容，建立了自己的社交影响力。品牌开始认识到这些影响者的潜力，与他们合作进行推广和营销。

而社交媒体平台的发展带动了越来越多的网红和名人开始利用自己在社交媒体上的影响力来推广品牌。他们的推文、视频和照片等内容成为了品牌宣传和推广的重要渠道。在我国，微博营销和粉丝经济发展迅速。许多知名的微博用户通过在微博上发布内容和与粉丝互动，建立了庞大的粉丝基础。品牌与这些微博大V合作，借助他们的影响力来推广产品和品牌。

微信公众号和自媒体的出现进一步推动了影响力营销的发展。自媒体创作者通过自己的微信公众号发布内容，吸引关注者并建立自己的影响力。品牌与这些自媒体合作，通过其渠道传播品牌信息。

随着技术的发展，影响力营销逐渐借助数据和分析工具进行合作和评估。品牌可以通过分析影响者的数据，选择与其合作的最佳合作伙伴，并评估合作的效果和回报。

（二）影响力营销的核心原理

影响力营销的核心原理是通过利用个人或组织的社交影响力来推动产品、品牌或观点的传播和推广。它建立在人们对其他人的意见和建议的信任基础上，利用社交媒体和其他在线渠道来扩大影响范围。影响力营销的核心原理可以理解为：

1.影响者的权威性

影响者必须在特定领域或主题上具有一定的权威性和专业知识，以赢得他人的信任和尊重。他们可以是行业专家、名人、意见领袖或在社交媒体上积累了大量追随者的个人。

2.社交证据

人们往往会受到周围人的行为和意见的影响。影响力营销利用这种社交证据的力量，通过展示他人对产品或品牌的积极评价、使用经验或推荐来影响潜在消费者的态度和行为。

3.关系建立

影响力营销注重与潜在受众之间建立良好的关系。通过与受众进行互动、回应问题、提供有价值的内容和建议等方式，建立起信任和亲密感。这种关系可以增加影响力者对受众的影响力，并促使受众更愿意接受他们的建议。

4.内容质量

影响力营销需要提供有价值、有吸引力的内容，以吸引潜在受众的关注并建立起专家形象。内容可以是文章、视频、照片、演讲或其他形式的媒体，关键是能够满足受众的需求并引起共鸣。

5.整合多个渠道

影响力营销通常通过多个渠道传播信息，例如社交媒体、博客、在线论坛、演讲、赞助活动等。通过整合多个渠道，可以扩大影响范围，并将信息传递给更广泛的受众。

6.品牌合作

与影响力者合作是影响力营销的一种常见策略。品牌可以与具有相关目标受众的影响力者建立合作关系，通过他们的声誉和影响力来推广自己的产品或品牌。

（三）影响力营销的关键参与者

影响力营销涉及多个关键参与者，每个参与者在推动和实施影响力营销策略中发挥着不同的角色。

影响者是影响力营销的核心。他们是在特定领域或主题上拥有专业知识和声誉的个人或组织。影响者通过他们的社交媒体账号、博客、YouTube 频道或其他在线平台与粉丝或追随者建立联系，并通过分享观点、经验、产品评测等方式来影响他们的受众。

品牌是影响力营销的另一个重要参与者。品牌可以与影响者合作，通过他们的影响力来推广自己的产品、服务或品牌价值观。品牌需要选择与其目标受众和价值观相匹配的影响者，并与他们建立合作关系，以获得更广泛的曝光和受众认可。

受众是影响力营销的目标对象。他们是影响者和品牌努力影响和吸引的人群。受众可能是影响者的追随者、粉丝，或是对特定领域感兴趣的人群。他们通过关注、阅读、观看、分享等行为来与影响者互动，并在购买决策、品牌忠诚度等方面受到影响。

社交媒体平台和其他在线平台是影响力营销的基础。这些平台提供了影响者与受众进行交流和互动的渠道，例如 Instagram、YouTube、微博、抖音等。品牌和影响者可以利用这些平台上的工具和功能来发布内容、建立关系，并扩大影响范围。

并且，在影响力营销中，中介机构如经纪人、代理商或市场营销公司可以发挥重要作用。他们可以帮助品牌和影响者之间建立联系和合作关系，协商合同条款，以及提供战略咨询和管理服务。

这些关键参与者相互合作，共同推动影响力营销的实施和成功。影响者利用其权威性和社交影响力来影响受众，品牌通过与影响者合作来获得更广泛的曝光和认可，而受众则通过与影响者互动来获取信息、建立信任，并做出购买决策。平台和中介机构在其中发挥支持和促进的作用。

三、社交媒体与影响力营销的关联

（一）社交媒体对影响力营销的影响

社交媒体对影响力营销产生了巨大的影响，它提供了一个广泛而实时的平台，让品牌和影响者能够与受众建立联系并传播信息。

第一，社交媒体平台具有庞大的用户群体，使品牌和影响者能够以更低的成本将信息传达给更广泛的受众。通过社交媒体，品牌和影响者可以轻松地分享内容、观点、产品评测等，吸引关注并扩大影响范围。

第二，社交媒体打破了传统媒体的中间环节，让品牌和影响者能够直接与受众互动。通过评论、私信、直播等功能，品牌和影响者可以与受众建立真实而即时的互动关系，提高信任度和忠诚度。

第三，社交媒体平台上的用户评论、点赞和分享等行为构成了社交证据，对影响力营销起着重要作用。当受众看到其他人对某个产品或品牌的积极评价时，他们更有可能被影响并采取行动。

第四，社交媒体平台更加注重视觉内容的传播。品牌和影响者可以通过图片、视频、故事等形式来传达信息，吸引受众的眼球和兴趣。这种视觉上的吸引力有助于增加品牌认知度和受众参与度。

（二）影响力营销在社交媒体中的实践

在社交媒体中，影响力营销可以通过以下方式实践：

1. 合作推广

品牌可以与具有相关目标受众的影响者合作，通过他们的社交媒体渠道推广产品或品牌。这种合作可以是付费合作，也可以是合作交换价值，例如提供免费样品或服务。

2. 推荐和评测

影响者可以通过社交媒体分享对产品的使用经验、评测或推荐，以影响受众的购买决策。他们可以分享自己的观点、产品优势、使用心得等，让受众更了解产品，并产生兴趣和信任。

3. 参与活动

品牌可以与影响者合作举办活动，如线上直播、问答环节、赛事或发布会等，以吸引受众的参与和关注。这些活动可以增加品牌曝光度，加强品牌与受众之间的关系，并提供更多互动机会。

4. 鼓励用户生成内容

品牌可以鼓励受众通过社交媒体平台创建和分享与品牌相关的内容，如图片、视频、故事等。这些用户生成的内容可以扩大品牌的可见性，并增加受众的参与感和忠诚度。

（三）社交媒体平台对影响力营销的支持

社交媒体平台为影响力营销提供了许多支持和工具，以增强品牌和影响者的影响力。以下是一些社交媒体平台对影响力营销的支持措施：

1. 用户统计数据

社交媒体平台提供了关于受众的详细统计数据，如粉丝数量、互动率、受众特征等。这些数据帮助品牌和影响者了解受众，制定更具针对性的影响力营销策略。

2. 广告和推广功能

社交媒体平台提供了广告和推广功能，品牌可以利用这些功能来扩大影响范围、增加曝光量。通过投放广告、推广帖子或赞助活动，品牌可以将信息传递给更多的受众。

3. 互动和分享工具

社交媒体平台提供了丰富的互动和分享工具，如评论、分享、点赞等。这些工具促进了品牌、影响者和受众之间的互动和传播，增加了信息的传播速度和范围。

4. 直播和故事功能

许多社交媒体平台提供了直播和故事功能，使品牌和影响者能够实时分享内容、与受众互动，并创造更加生动和即时的体验。

四、社交媒体营销与影响力营销的策略

（一）建立品牌影响力的社交媒体策略

1. 定义品牌声音和价值观

确定品牌的声音和核心价值观，确保在社交媒体上传递一致的信息和形象。

2. 选择适合的社交媒体平台

了解目标受众的使用偏好和行为，选择适合品牌的社交媒体平台。不同平台有不同的用户群体和特点，品牌需要根据目标受众的特征选择合适的平台。

3. 创造有价值的内容

通过提供有趣、有用、引人入胜的内容吸引受众的关注和互动。内容可以是故事、图像、视频、调查、互动问答等形式，要根据平台特点和受众喜好进行调整。

4. 互动和回应

积极与受众互动，回应评论、提问和私信。建立真实、积极的互动关系，增强受众的忠诚度和参与感。

（二）影响力营销策略在社交媒体平台的应用

1. 合作推广

与相关影响者合作，在其社交媒体平台上推广品牌或产品。通过与影响者建立合作关系，将品牌信息传达给其粉丝和追随者。

2. 口碑营销

通过与影响者合作，鼓励他们分享产品评测、使用经验或推荐。这些推荐可以建立起社交媒体上的口碑效应，增加品牌的知名度和信任度。

3. 社交证据的利用

利用社交媒体平台上的评论、点赞和分享等社交证据，展示其他用户对品牌或产品的积极态度和支持。这些证据可以加强品牌的影响力和受众的信任感。

4. 活动与赛事合作

与影响者合作举办线上或线下的活动、赛事或发布会，吸引受众的参与和关注。这些活动可以增加品牌曝光度，加强品牌与受众之间的关系。

（三）社交媒体内容创作与影响力营销策略的结合

1.制订内容计划

根据品牌目标和影响力营销策略，制订社交媒体内容的长期计划。确定发布频率、主题、形式等，确保内容与品牌的声音和价值观一致。

2.故事叙述

利用故事叙述的方式创造吸引人的内容。通过讲述真实的故事、分享用户案例或体验，让受众与品牌建立情感联系，并产生共鸣。

3.引起互动

通过提问、调查、互动、挑战等方式引起受众的参与和回应。鼓励受众分享他们的观点、经验或创意，加强与受众的互动和关系。

4.视觉内容的利用

社交媒体是视觉内容传播的理想平台。创造具有吸引力和影响力的视觉内容，如精美的图片、引人注目的视频，以吸引受众的关注并增加分享和互动。

（四）社交媒体广告与影响力营销的整合策略

1.选择合适的广告形式

利用社交媒体平台提供的广告功能，选择适合品牌和目标受众的广告形式，如推广帖、广告视频、横幅广告等。

2.与优质影响者合作

将社交媒体广告与优质影响者的推广活动结合起来，通过合作推广增加广告的影响力和可信度。

3.受众定位与细分

利用社交媒体平台提供的广告定位和受众细分功能，将广告投放给具有潜在兴趣的目标受众，提高广告的有效性和转化率。

4.测量和优化

通过社交媒体平台提供的数据分析和广告优化工具，监测广告效果并进行优化。根据数据分析结果，调整广告策略和投放方式，以达到更好的影响力营销效果。

第四节　内容营销与品牌建设

当今社会，品牌与消费者之间的互动和沟通方式发生了巨大变化。随着互联网和社交媒体的快速发展，内容成为品牌与受众之间建立联系和塑造形象的关键手段。品牌建设的核心在于塑造和传达品牌的独特价值和故事，而内容营销则提供了一种有效的方式来创造有吸引力、有影响力的内容，并将其传播给目标受众。因此，深入研究内容营销与品牌建设之间的关系，探索如何通过内容营销策略实现品牌目标的一致性和可持续发展具有重要意义。

一、内容营销概述

（一）内容营销的概念和定义

内容营销是一种通过创造和传播有价值、有吸引力的内容，以吸引、留住受众和与目标受众建立良好关系的营销策略。它强调以受众为中心，通过提供有用的信息、娱乐性的故事、实用的解决方案等形式，吸引受众的注意力，并与他们建立积极的互动和关系。

内容营销的目的是与受众建立信任、增强品牌认知度、提高受众参与度，并最终促使受众采取行动，如购买产品、分享内容、推荐品牌等。它与传统广告相比，更注重受众的需求和兴趣，以及与他们建立持久而深入的连接。

（二）内容营销的发展历程

内容营销的概念和实践可以追溯到过去几十年的媒体和广告行业。以下是内容营销的发展历程的主要里程碑事件：

品牌杂志和出版物：许多品牌在过去通过自有媒体出版物（如杂志、报纸、目录等）来提供有价值的内容，并以此推广品牌和产品。

品牌博客和网站：随着互联网的普及，品牌开始创建自己的博客和网站，通过发布有用的文章、教程、指南等内容来吸引受众，并建立起自己的专业形象。

社交媒体崛起：社交媒体的兴起为内容营销带来了新的机会和挑战。品牌可以通过社交媒体平台分享内容、与受众互动，并通过社交分享和用户参与来扩大影响力。

视频和影像内容：随着视频和影像内容的流行，品牌开始利用视频平台（如快手、抖音等）来发布吸引人的视频内容，增加受众的参与和品牌认知度。

内容营销技术工具：随着技术的进步，内容营销的工具和平台也不断发展。例如，营销自动化软件、数据分析工具和内容管理系统等帮助品牌更好地制定和执行内容营销策略。

二、品牌建设

（一）品牌建设的定义

品牌建设是指通过一系列战略和行动，塑造和提升品牌形象，增强品牌的知名度、信誉度和忠诚度的过程。品牌建设旨在建立一个独特、可识别和有价值的品牌，使其在目标市场中脱颖而出，并与目标受众建立长期的关系。

品牌建设不仅仅是设计标志或广告宣传，它涉及更广泛的方面，包括品牌定位、品牌故事、品牌声誉、产品质量、用户体验、传播和推广等。品牌建设的目标是打造一个独特的品牌形象，使消费者能够与品牌产生情感共鸣，并对其产生积极的态度和信任。

（二）品牌建设的成功因素

1.品牌战略

品牌建设的成功与品牌战略的制定密切相关。品牌战略包括品牌定位、目标市场、目标受众、竞争优势等要素的确定。成功的品牌建设需要清晰的品牌战略，以确保品牌的一致性和有效性。

2. 品牌识别与差异化

品牌识别和差异化是品牌建设的重要要素。品牌识别包括名称、标志、颜色等元素的设计和传播，以使品牌在市场上具有辨识度。差异化是通过品牌特点、价值主张和用户体验等方面与竞争对手区分开来。

3. 品牌传播与推广

有效的品牌传播和推广对于品牌建设至关重要。通过选择适当的传播渠道、传播内容和推广活动，将品牌形象传达给目标受众，并在市场上建立知名度和认可度。

4. 品牌体验与用户参与

品牌体验和用户参与对于品牌建设的成功至关重要。通过提供优质的产品和服务，创造积极的品牌体验，以及鼓励用户参与、分享和参与品牌活动，可以增强品牌与受众之间的关系和忠诚度。

5. 持续改进和创新

品牌建设需要不断改进和创新，以适应市场变化和满足受众需求。持续改进包括品牌形象的更新、产品和服务的改进，以及与受众互动和反馈的积极回应。

（三）品牌建设的重要性和影响因素

品牌建设是构建和维护品牌长期成功的关键因素。品牌建设的影响因素有以下几个方面：

品牌价值观和故事：品牌建设强调品牌的价值观、使命和故事的塑造。通过传达独特的品牌故事和核心价值观，品牌可以与受众建立情感联系，并在竞争激烈的市场中脱颖而出。

品牌认知度和声誉：品牌建设致力于提高品牌的认知度和声誉。通过积极的品牌推广和传播，品牌可以提高在目标受众中的知名度，并建立起良好的品牌声誉。

品牌一致性和识别度：品牌建设强调品牌的一致性和识别度。通过确保品牌在不同渠道和平台上的一致性表达，品牌可以建立起强大的识别度和差异化。

受众参与和品牌忠诚度：品牌建设通过鼓励受众的参与建立品牌忠诚度。通过提供有价值的内容和积极的互动，品牌可以赢得受众的信任和忠诚度，并建立持久的关系。

总之，内容营销与品牌建设密切相关，内容营销通过提供有价值的内容来塑造品牌形象、增强品牌认知度、建立品牌信任和忠诚度，并促使受众参与和互动。品牌建设的重要性在于塑造品牌的价值观和故事、提高品牌认知度和声誉、保持一致性和识别度，以及促进受众参与和品牌忠诚度的建立。

三、内容营销与品牌建设的关系

内容营销与品牌建设密切相关，相互促进和加强彼此的效果。

（一）塑造品牌形象和价值观

内容营销提供了一个平台来传达品牌的独特形象和核心价值观。通过创造有吸引力的内容，品牌能够展示自己的专业知识、创造力和价值观，从而与目标受众建立情感连接。品牌建设通过明确定义品牌的目标、核心价值和个性，帮助品牌在内容营销中保持一致性，使内容更具说服力和认同感。

（二）增强品牌认知度

内容营销通过提供有价值的内容，吸引受众的关注，扩大品牌的知名度。通过发布有用、有趣和引人入胜的内容，品牌能够在目标受众中建立起品牌的存在感和认知度。品牌建设通过品牌的定位和识别，帮助品牌在内容营销中提高品牌的可识别性和知名度，使受众能够更容易地将内容与品牌联系起来。

（三）建立情感共鸣和品牌忠诚度

内容营销通过讲述品牌故事、传达品牌的使命和价值观，与受众建立情感共鸣。当受众能够与品牌的故事和价值观产生共鸣时，他们更有可能建立起对品牌的忠诚度和情感连接。品牌建设通过塑造品牌的故事、传达品牌的价值观和打造积极的品牌体验，帮助品牌与受众建立深层次的情感连接，提高品牌忠诚度和用户参与度。

（四）用户参与和社交分享

内容营销通过鼓励用户参与和社交分享，促进品牌与受众之间的互动。当用户积极参与品牌的内容和活动时，他们与品牌建立更紧密的联系，并表达对品牌的忠诚度。用户参与不仅可以提升品牌的知名度和影响力，还能够为品牌带来口碑传播和用户推荐。品牌建设通过提供有价值的内容、建立积极的品牌体验和积极回应用户互动，鼓励用户参与和社交分享，提高用户参与度和品牌忠诚度。

四、品牌建设内容营销策略

（一）内容策略的制定

1.目标受众定位和需求分析

内容策略的制定首先需要对目标受众进行定位和需求分析。了解目标受众的特征、兴趣、行为习惯及他们在内容上的需求是至关重要的。通过市场调研、数据分析和受众洞察，确定目标受众的特点和需求，以便为他们量身定制有针对性的内容。

2.内容类型和形式选择

根据目标受众的定位和需求分析结果，确定适合的内容类型和形式。内容类型可以包括文章、图像、视频、音频、漫画等，形式可以包括教育性的指南、启发性的故事、幽默的趣闻等。选择与目标受众兴趣和喜好相关的内容类型和形式，以吸引他们的关注和参与。

3.内容创作和生产流程

制定内容策略后，需要建立有效的内容创作和生产流程。这包括以下几个步骤：

（1）主题选择：根据目标受众的兴趣和需求，确定内容的主题和话题。主题选择应与品牌的价值观和目标相一致。

（2）内容计划和日历：制定内容发布的计划和日历，确保内容的连续性和一致性。确定发布频率、时间和平台，以便内容能够按时发布，并在适当的时间达到受众。

（3）创作过程：根据内容类型和形式，进行内容的创作和编写。这可能需要与内容创作者、设计师、摄影师、视频制作人等合作，确保内容的质量和专业性。

（4）内容审核和编辑：对创作的内容进行审核和编辑，确保内容的准确性、一致性和可读性。审核过程包括校对、事实核实和风格统一等。

（5）内容发布和推广：将创作好的内容发布到适当的平台，并进行相应的推广和传播。这可以包括社交媒体发布、电子邮件营销、SEO 优化等方式，以确保内容能够被目标受众发现和参与。

（6）反馈和改进：收集受众的反馈和意见，并根据反馈进行内容的改进和优化。通过与受众的积极互动，了解他们的反应和需求，以便持续改进内容的质量和吸引力。

在制定内容策略时，需要综合考虑目标受众的定位和需求，选择适合的内容类型和形式，并建立有效的创作和生产流程，以确保内容能够吸引目标受众的关注、参与和共享。

（二）内容发布和传播策略

1.社交媒体平台选择与优化

在内容发布和传播策略中，选择适合的社交媒体平台非常重要。了解目标受众的使用偏好和行为习惯，以及各个社交媒体平台的特点和优势，可以帮助品牌更好地选择合适的平台。例如，微博、微信、抖音和小红书等社交媒体平台都有不同的用户群体和用途，品牌需要根据目标受众的特征和内容特点选择合适的平台。同时，进行社交媒体平台的优化，包括完善品牌资料、优化关键词、制定吸引人的头图和简介等，以增强品牌的可见度和吸引力。

2.内容分发渠道的选择和管理

除了社交媒体平台，还可以选择其他内容分发渠道来扩大内容的传播范围。这可能包括品牌网站、博客、电子邮件、应用程序、合作伙伴网站等。根据目标受众的使用习惯和渠道偏好，选择适合的分发渠道，并进行管理和优化。确保内容在不同渠道上的一致性和效果，提供多样化的内容格式和交付方式，以满足受众的需求和偏好。

3.社交分享和用户参与的促进

社交分享和用户参与是内容传播和影响力扩大的重要机制。品牌可以采取以下策略来促进社交分享和用户参与。

（1）提供易于分享的内容：确保内容具有社交分享功能，并提供易于分享的按钮和链接。通过在内容中加入社交分享按钮，鼓励受众将内容分享到自己的社交媒体平台上，扩大内容的传播范围。

（2）引起互动和讨论：在内容中提出问题、引起争议或鼓励受众参与互动和讨论。例如，提出问题并邀请受众在评论中分享自己的观点和经验，或者鼓励受众参加调查和投票。

（3）用户生成内容（UGC）的利用：鼓励受众生成与品牌相关的内容，并在社交媒体上分享。例如，品牌可以发起 UGC 活动，邀请受众分享与品牌相关的照片、视频、故事等，以增加用户参与和社交分享。

（4）社交媒体互动：积极回应受众的评论、提问和私信，与受众建立互动和关系。通过积极参与社交媒体上的互动，品牌可以增强受众的忠诚度和参与感。

（三）内容评估和优化策略

1.关键指标的设定和测量

在内容评估和优化策略中，设定并测量关键指标是至关重要的。关键指标可以根据内容营销的目标和策略来确定，例如品牌知名度、受众参与度、社交分享量、网站流量、转化率等。设定明确的指标有助于评估内容的绩效和影响力，并为内容优化提供有针对性的数据依据。

2.数据分析和内容优化

基于设定的关键指标，进行数据分析是内容评估和优化的重要步骤。通过收集和分析与内容相关的数据，例如网站分析、社交媒体分析、受众调研等，可以深入了解内容的表现和效果。根据数据分析的结果，识别内容的优势和改进点，并采取相应的优化措施。例如，如果发现某一类型的内容受到受众的热烈回应，可以增加类似类型的内容；如果某一平台的内容转化率较低，可以调整发布策略或优化内容形式。

3.持续改进和反馈机制的建立

内容评估和优化是一个持续不断的过程，因此建立持续改进和反馈机制至关重要。这可以包括以下几个方面。

（1）定期回顾和评估：定期回顾和评估已发布的内容，评估其绩效和效果。这可以是每月、每季度或每年的定期评估，以便及时发现问题和拥有改进的机会。

（2）受众反馈收集：积极收集受众的反馈和意见，了解他们对内容的看法和需求。这可以通过调查、评论、社交媒体互动、用户反馈表单等方式进行。受众的反馈是改进内容和满足受众需求的重要依据。

（3）A/B测试和实验：采用A/B测试和实验的方法，比较不同内容策略或形式的效果，以便找到最佳的内容优化方案。例如，可以测试不同标题、图像、视频长度等因素对内容表现的影响，并根据实验结果进行调整和优化。

（4）竞争对手分析：定期进行竞争对手的内容分析，了解他们的优势和创新点，并从中汲取灵感和经验教训。

建立持续改进和反馈机制，通过数据分析、受众反馈和实验测试等手段，不断优化内容的质量和效果，以确保内容策略的有效性和持续改进。这样的策略可以帮助品牌与受众建立更深入的连接，提高品牌的影响力和品牌建设的效果。

第五节　数据分析与个性化营销

在市场竞争日益激烈的环境下，传统的广告和营销方式已经无法满足消费者个性化需求的要求。因此，数据分析和个性化营销成为了企业在获取竞争优势和提升市场份额方面的关键策略。

一、数据分析在个性化营销中的作用

（一）数据分析的定义和特点

数据分析是指对收集到的数据进行处理、解释和推断的过程，以发现其中的模式、趋势、关联性，并以此为基础做出决策或采取行动。数据分析旨在从数据中提取有用的信息，帮助理解现象、解决问题和支持决策。数据分析的特点如下：

第一，数据分析的过程基于数据，从收集到的实际数据中提取信息。通过分析数据，可以获得客观的、基于事实的见解，避免主观偏见和猜测的影响。

第二，数据分析依赖于统计学和相关的数学方法。它使用统计技术来总结和描述数据的特征，进行模式识别、关联性分析、预测和推断等。统计方法提供了一种系统和科学的方式来处理和解释数据。

第三，数据分析可以是探索性的，即通过对数据的探索和发现，寻找新的模式和关联性。同时，数据分析也可以是验证性的，即根据先前的假设或问题，通过数据分析来验证或证伪这些假设。

第四，数据分析可以使用多种技术和工具来处理和分析数据。这包括描述统计分析、数据挖掘、机器学习、预测建模、可视化工具等。选择适当的技术和工具取决于数据的性质、分析的目标和问题的复杂程度。

第五，数据分析往往是一个非线性和迭代的过程。分析人员需要通过不断地探索、尝试和调整分析方法和模型，以逐步提炼和改进结果。数据分析过程中可能需要多次迭代，以确保得到准确和可靠的结果。

第六，数据分析的最终目的是为实际应用和决策提供支持。通过对数据的分析，可以为问题解决、业务优化、市场预测、产品改进等提供有价值的见解和决策支持。

（二）数据分析在个性化营销中的价值和优势

数据分析在个性化营销中具有重要的价值和优势。

首先，通过数据分析，可以深入了解客户的行为、偏好、兴趣和需求。通过收集和分析客户的数据，如购买历史、网站浏览记录、社交媒体活动等，企业可以建立客户画像，了解客户的个体特征和消费行为。这样，企业可以更好地理解客户的需求，并提供定制化的产品和服务。

其次，基于数据分析的个性化营销可以为每个客户提供个性化的产品推荐和定制化的购物体验。通过分析客户的偏好和行为模式，企业可以向客户推荐他们可能感兴趣的产品、服务和优惠活动，从而提高销售转化率和客户满意度。个性化推荐和定制化体验可以增强客户的忠诚度和购买意愿。

再次，企业可以更准确地评估和优化营销活动的效果。通过跟踪和分析关键指标，如点击率、转化率、购买金额等，企业可以了解不同营销策略的绩效，并根据数据结果做出相应的调整和优化。这样，企业可以提高营销活动的效果和投资回报率（ROI），将有限的资源投入最具潜力的渠道和策略上。

此外，数据分析可以使企业能够实时响应客户的需求和行为。通过实时监测和分析客户的行为数据，企业可以及时识别客户的兴趣和需求，并通过个性化的互动和沟通方式与客户进行互动。这种实时的个性化互动可以增强客户参与感和忠诚度，提高品牌认知和口碑。

最后，数据分析可以帮助企业进行预测和趋势分析，预测客户的未来需求和行为。通过历史数据和模型建立，企业可以进行趋势分析，发现市场的变化和机会。这样，企业可以提前调整营销策略，抢占市场先机，满足客户的未来需求。

（三）数据分析与个性化营销的关联

数据分析与个性化营销之间的关联是密切而复杂的。通过对消费者行为数据的分析，企业能深入理解消费者的购买习惯、产品偏好和消费动机，这种理解为实施个性化营销策略提供了必要的数据基础。

在个性化推荐方面，数据分析起着至关重要的作用。企业能通过深度挖掘消费者的购物历史、浏览记录等信息，通过算法模型预测出消费者可能感兴趣的商品或服务，从而实现个性化的推荐。此外，数据分析也帮助企业进行更精确的客户细分，识别出具有不同特征和需求的消费者群体。基于这些细分的消费者群体，企业可以设计出更具针对性的个性化营销活动。当然，营销活动的效果评估也离不开数据分析。企业可以通过追踪和分析数据，如点击率、转化率、消费者满意度等，评估个性化营销活动的效果，进而优化和调整营销策略。同时，数据分析还能帮助企业预测消费者的行为和需求变化。例如，通过分析消费者的购物历史和行为模式，企业可以预测消费者未来的购物需求，从而制定更有效的个性化营销策略。

因此，可以说，数据分析是实现个性化营销的重要工具，它帮助企业深度理解消费者，提供个性化的产品和服务，以及评估和优化营销活动的效果，从而实现更高的营销效益。

二、个性化营销的概念和原理

（一）个性化营销的定义和特点

个性化营销是一种以个体消费者的需求和行为为导向，通过收集和分析消费者的行为数据，为每一个消费者提供定制化的产品推荐和服务，以提高消费者满意度和企业营销效果的营销策略。个性化营销的特点主要体现在以下几个方面：

第一，个性化营销强调以消费者为中心，强调满足消费者的独特需求和期望，而不是依靠传统的产品导向或销售导向的营销模式。

第二，个性化营销依赖于大量的消费者数据，包括消费者的购买历史、搜索记录、浏览行为、社交媒体活动等，以帮助企业理解消费者的需求和偏好，从而提供更符合消费者需求的产品和服务。

第三，个性化营销的目标是为每一个消费者提供定制化的产品推荐和服务。这需要企业有能力处理和分析大量的消费者数据，从而理解消费者的独特需求和期望。

第四，个性化营销强调与消费者建立长期的关系。通过持续的数据收集和分析，企业能不断优化其产品和服务，以满足消费者的变化需求，从而建立和消费者的长期关系。

第五，个性化营销的实现依赖于高级的数据分析和挖掘技术，如机器学习、人工智能等，这些技术能帮助企业从大量的消费者数据中提取有用的信息，预测消费者的需求，实现个性化的产品推荐和服务。

（二）个性化营销的基本原理和过程

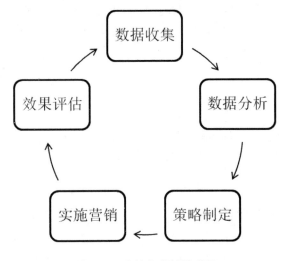

图 4-1　个性化营销的过程

如图 4-1 所展示的，个性化营销的实施包含了一系列关键环节。

首先，数据收集阶段是整个流程的基础。收集的信息应涵盖消费者的基本数据（如年龄、性别、地理位置等）、历史购买记录及行为数据（比如浏览记录、搜索记录、社交媒体互动等）。这些数据不仅可以从企业内部的客户关系管理系统和电子商务平台获取，也可以通过社交媒体等外部渠道获得。在数据收集完成后，接下来的步骤是数据分析。通过运用数据挖掘和人工智能等技术，我们可以深入理解消费者的行为，揭示其需求和偏好，从而产生对消费者具有价值的洞察。

有了这些洞察，企业可以根据消费者的需求和偏好制定个性化的产品推荐和营销策略。而实施营销策略的方式可以是个性化的，比如通过电子邮件营销、社交媒体营销或搜索引擎营销等方式，向消费者推送符合他们个性化需求的产品和服务信息。

最后，企业需要通过追踪消费者的反馈和行为（例如购买行为、点击率、满意度等）来评估个性化营销的效果。这个过程的反馈将次被纳入数据收集和分析环节中，形成一个持续优化的闭环。

三、数据分析在个性化营销中的应用

（一）数据收集和处理方法

在个性化营销中，数据收集和处理是基础性的工作，也是整个过程中非常重要的部分。数据的来源、质量和处理方式，直接影响到后续的分析结果和营销效果。以下是一些主要的数据收集和处理方法。

数据收集：数据主要源于内部和外部两个方面。内部数据主要来自企业的客户管理系统（CRM），包括客户的个人信息、购买记录、服务记录等；外部数据主要来自网络和社交媒体，包括客户的浏览记录、搜索记录、社交媒体互动记录等。

数据清洗：数据清洗是数据预处理的一部分，主要包括去除重复数据、填补缺失值、修正异常值等操作。数据清洗的目标是提高数据的质量，使其更准确、一致和完整。

数据预处理：除了数据清洗外，数据预处理还包括数据转换和数据规约。数据转换主要是将数据转化为适合分析的格式，比如将类别数据转化为数值数据，将文本数据转化为向量等。数据规约是为了降低数据的复杂性，提高分析的效率，比如通过特征选择、维度约简等方式减少数据的维度。

数据整合：数据整合是将来自不同来源的数据融合在一起，形成一个统一的、全面的客户视图。数据整合的难点在于处理不同数据源之间的冲突和不一致性，比如时间的不一致、格式的不一致、单位的不一致等。

以上是在个性化营销中，数据收集和处理的一些主要方法，有效的数据收集和处理工作，可以为后续的数据分析和营销决策提供强有力的支持。

（二）用户行为分析和个性化推荐

在个性化营销中，理解用户行为并据此进行个性化推荐是至关重要的一环。通过数据挖掘和机器学习的技术，我们可以从大量的用户行为数据中揭示出用户的潜在需求和偏好，从而为用户推荐他们可能感兴趣的产品或服务。以下是一些主要的用户行为分析和个性化推荐方法。

用户分群：用户分群是一种常见的用户行为分析方法，通过将用户按照他们的行为特征划分为不同的群体，可以更深入地理解用户的需求和行为模式。常见的用户分群方法包括基于购买行为的 RFM 模型，基于用户特征的聚类分析，以及基于用户行为的序列模式分析等。

用户画像：用户画像是将用户的基本属性、行为特征、需求偏好等信息，以标签的形式进行可视化呈现。通过用户画像，我们可以对每个用户有一个全面而深入的了解，从而进行更精准的个性化推荐。

推荐系统：推荐系统是实现个性化推荐的主要工具，主要包括基于内容的推荐、协同过滤推荐及混合推荐等方法。推荐系统的主要任务是预测用户对未接触过的产品或服务的可能评价或喜好程度，从而向用户推荐他们可能感兴趣的项目。

深度学习：近年来，深度学习在用户行为分析和个性化推荐中发挥了重要作用。例如，基于深度神经网络的自动编码器，可以学习到用户和项目的低维度嵌入表示，从而实现更准确的推荐；而基于循环神经网络的序列模型，可以考虑用户行为的时间顺序信息，从而更好地理解用户的动态需求。

以上的用户行为分析和个性化推荐方法，都是在尽可能理解用户、满足用户需求的前提下，提升营销效果、增强用户体验的重要手段。

（三）客户细分和定制化营销策略

客户细分是将广泛的客户群体分解为小型且更具管理性的部分的过程，这些部分由具有相似性质和需求的客户组成。进行客户细分的主要目的是更好地理解客户的需求、偏好和行为模式，以便为他们提供最相关和有吸引力的产品或服务。

客户细分可以根据各种因素进行，包括但不限于地理位置、人口统计学、行为及心理偏好。这样做的目的是揭示每个群体的共享特性，以便制定针对性的营销策略。

进一步理解了这些细分群体之后，企业可以开始制定定制化的营销策略。这是一个个性化营销过程，企业将根据每个细分市场的特性和需求，针对性地为每个市场制定产品定价、促销、分销和沟通策略。

例如，对于价格敏感的客户群体，企业可能会选择提供更具竞争力的价格来吸引他们。对于注重服务质量的客户群体，企业可能会选择提供更优质的服务来满足他们的需求。

这样的个性化营销策略，不仅可以更有效地满足不同客户的需求，提高营销效果，同时也有助于提升客户满意度和忠诚度，从而提升企业的竞争力和市场份额。

四、个性化营销的实施挑战和解决方案

（一）隐私和数据保护问题

对于企业来说，为了实现个性化营销，需要获取大量用户数据，这其中不可避免地会涉及一些用户的私人信息。然而，收集、存储和利用这些数据可能会对用户的隐私权造成威胁，因此隐私保护和数据安全成为了企业面临的一大挑战。

企业在收集和处理数据的过程中，必须遵守相关的法律法规，同时，也要充分尊重用户的隐私权。为了实现这一点，企业需要建立完善的数据保护机制，保证用户数据的安全不受侵害。这包括建立严格的数据管理制度，确保数据的收集、存储和使用都在法律允许的范围内，并且任何非法的数据行为都将受到严厉的制裁。

此外，企业还需要明确地向用户解释自己的数据收集和使用策略，并保证用户有权选择是否提供自己的数据。例如，企业可以在用户注册或使用服务时提供详细的隐私政策，明确告知用户企业将如何收集、使用和保护他们的数据，并让用户有机会选择是否同意这些政策。

（二）数据质量和一致性管理

在个性化营销的实施过程中，企业需要收集并处理来自各种渠道的数据，这可能导致数据质量和一致性的问题。例如，来自不同渠道的数据可能会有重复、矛盾或者错误，这些都会影响到数据的质量和可用性。因此，对于企业来说，管理数据的质量和一致性是一个非常重要的任务。

首先，企业需要确保收集到的数据的准确性。准确的数据是个性化营销决策的基础，任何的错误、误导或者偏差都可能影响到营销策略的效果。因此，企业需要设立严格的数据收集和处理流程，以降低数据错误的可能性。

其次，企业需要保证数据的完整性。完整的数据可以提供更全面的用户画像，帮助企业更好地理解和满足用户的需求。为了做到这一点，企业可以通过整合各种数据源，以获取更全面的用户数据。

最后，企业还需要保持数据的一致性。不一致的数据可能会导致误解和混淆，影响到企业的决策和操作。为了解决这个问题，企业可以建立统一的数据管理机制，通过数据清洗和验证，确保各种数据的一致性。

（三）技术和资源需求

个性化营销的实施确实需要大量的技术和资源投入，尤其是对于数据分析和用户行为理解等关键环节。这不仅包括必要的硬件和软件设施，如大数据平台、人工智能和机器学习算法等，还包括专业的人力资源，如数据科学家、分析师和营销专家等。对于很多中小型企业来

说，这样的技术和资源需求可能是一个难以逾越的挑战。

当然，也有一些解决方案可以帮助企业降低个性化营销的技术和资源门槛。例如，云计算技术可以提供灵活、高效的计算和存储资源，降低了企业的硬件投入。开源技术如 Hadoop 和 TensorFlow 等，为企业提供了强大而且免费的数据处理和机器学习工具，降低了软件开发的成本和复杂度。

此外，企业还可以考虑通过外包的方式来获取所需的技术和人力资源。例如，可以通过与数据分析服务商合作，获取专业的数据分析和处理服务；或者与市场研究公司合作，获取深度的市场洞察和消费者理解。这些方式都可以帮助企业降低个性化营销的技术和资源门槛，使其能够以更有效的方式进行营销活动。

（四）个性化营销的伦理和道德考量

对于伦理和道德考量在个性化营销中的重要性，无可否认，高度的个性化营销可能会引发一些伦理和道德问题。例如，一些消费者可能对其行为被过度跟踪和预测，从而被用来进行精准营销感到不安。在一些极端情况下，过度的个性化营销可能会被视为对消费者行为的操纵，引起消费者的反感和抵触。

因此，企业在实施个性化营销策略时，必须坚持伦理和道德的原则。首先，企业需要确保其营销活动的公平性，即不因消费者的种族、性别、年龄、宗教或其他特性对其进行不公平的营销。其次，企业需要诚实地对待消费者，不进行误导或欺诈的营销活动。最后，企业需要保持其营销活动的透明度，即清楚地向消费者解释其数据收集和使用的目的，以及如何保护消费者的数据安全。

企业还需要尊重消费者的自主选择权。这意味着企业不能强迫消费者接受其个性化的产品或服务，而应让消费者有权选择是否接受这些营销信息。这种尊重消费者选择权的做法，不仅可以避免可能的伦理和道德问题，也可以增强消费者对企业的信任和忠诚度。

只有当企业在实施个性化营销时，充分考虑到这些伦理和道德因素，并积极采取措施来解决这些问题，才能确保其营销活动的有效性和可持续性。

第五章　电子商务中的移动营销策略

第一节　移动营销的趋势与发展

随着移动设备的广泛使用和互联网技术的快速发展，移动营销已经成为营销领域的重要组成部分。通过移动设备进行营销活动，可以让企业更直接、更实时地与消费者进行交互，提供个性化的服务和信息。

一、移动营销的定义

移动营销是指利用移动设备和移动互联网技术，通过各种移动渠道和平台，向目标受众传播营销信息，实现品牌推广、产品销售和用户互动的过程。它涵盖了移动应用、移动网站、短信营销、移动广告、社交媒体等多种形式，以满足用户在移动设备上的需求和习惯。移动营销具有以下重要性和影响力：

（一）移动设备普及率的增加

移动设备如智能手机和平板电脑已成为人们生活的重要组成部分，用户通过移动设备获取信息、进行购物、社交等活动。因此，移动营销成为接触用户的主要渠道，以满足他们的需求。

（二）更高的用户参与度

移动设备的个人化和随时随地的特点使用户更容易与品牌进行互动。通过移动营销，品牌可以与用户建立更紧密的联系，提供个性化的推荐、定制化的服务，增强用户参与度和忠诚度。

（三）提供全新的营销方式

移动营销通过移动应用、移动网站、短信营销、移动广告等形式，为企业提供了创新的营销方式。品牌可以通过这些渠道与用户直接互动，传递品牌价值，促进产品销售和品牌认知度的提升。

（四）数据驱动的精准营销

移动营销产生大量用户数据，品牌可以通过数据分析和个性化推荐技术，精确识别目标受众，提供个性化的营销内容和优惠，提高营销效果和回报率。

二、移动营销发展的现实背景

（一）移动设备的普及与便利性增强

移动设备的普及和不断提升的功能和性能是推动移动营销发展的重要因素。以下是移动设备的普及和便利性增强的两个关键方面：

1. 移动设备用户数量的增长趋势

随着智能手机和平板电脑等移动设备的普及，移动设备用户数量呈现出持续增长的趋势。

（1）全球智能手机普及率的提高

智能手机已成为人们日常生活中必不可少的工具，普及率逐年增加。根据统计数据，全球智能手机用户数量已经超过数十亿，预计将继续增长。

（2）移动互联网的普及

移动互联网的发展为用户提供了更便捷的上网方式，随时随地都能够访问互联网。用户可以通过移动设备浏览网页、使用应用程序、进行在线购物等。

（3）新兴市场的增长

新兴市场中智能手机的普及程度在不断提高。许多新兴市场中的用户首次接触互联网就是通过移动设备。这种趋势为品牌提供了更大的受众群体和市场机会。

（4）移动设备的多功能性

智能手机和平板电脑具有多种功能，如通信、社交媒体、娱乐、购物等。这使得用户越来越依赖移动设备来满足他们的多样化需求。

2. 移动设备的功能和性能提升

移动设备的功能和性能的不断提升为移动营销提供了更广阔的发展空间。

（1）处理能力的增强

移动设备的处理能力不断提高，处理器变得更加强大和高效。这使得应用程序能够更快速地加载和运行，提供更流畅的用户体验。

（2）存储容量的增加

移动设备的存储容量逐渐增加，用户可以存储更多的应用程序、多媒体文件和个人数据。这为移动营销提供了更多的内容和功能展示的机会。

（3）屏幕质量的提升

移动设备的屏幕质量得到显著提升，高分辨率和更好的色彩表现力提供了更好的图像和视频展示效果。这对于品牌展示产品和营销内容至关重要。

（4）无线网络速度的提高

随着无线网络技术的进步，移动设备的上网速度得到了大幅提高。用户可以更快速地加载网页和应用程序，享受更流畅的移动互联网体验。

（5）传感器和位置服务的应用

移动设备内置了多种传感器和定位技术，如加速度计、陀螺仪、GPS等。这些技术的应用为移动营销提供了更多的创新和个性化机会，例如基于位置的推送通知和定位营销策略。

（二）移动应用的兴起与发展

1.移动应用的普及和多样性

（1）移动应用市场的增长

随着智能手机和平板电脑的普及，移动应用市场经历了爆炸式的增长。应用商店如苹果的 App Store 和谷歌的 Google Play 等成为用户获取应用程序的主要渠道。

（2）应用多样性的增加

移动应用市场上涌现了各种各样的应用，涵盖了娱乐、社交、新闻、购物、生活服务等多个领域。无论是大型企业还是小型创业公司，都可以通过开发移动应用来与用户建立联系和提供价值。

（3）行业专属应用的兴起

许多行业和领域开始开发专属的移动应用，以满足用户特定的需求。例如，银行推出的移动银行应用、电商平台的购物应用等。这些行业专属应用可以提供个性化的服务和更好的用户体验。

2.移动应用在用户生活中的重要性

移动应用已经成为用户日常生活中不可或缺的一部分，对用户生活产生了深远的影响。

（1）便捷的信息获取

移动应用使用户能够随时随地获取所需的信息。无论是查看新闻、搜索商品、预订机票还是查看社交媒体动态，用户可以通过移动应用实现快速便捷的信息获取。

（2）个性化和定制化体验

移动应用可以根据用户的偏好和行为提供个性化的推荐和定制化的服务。通过分析用户数据和采用机器学习算法，移动应用可以为每个用户提供定制化的体验，提高用户满意度和忠诚度。

（3）社交互动和分享

许多移动应用提供社交互动和分享功能，使用户能够与朋友、家人和社交网络中的其他用户进行互动。通过移动应用，用户可以分享照片、状态更新、评论等，增强社交联系。

（4）移动支付和电子商务

移动应用还推动了移动支付和电子商务的发展。用户可以通过移动应用进行在线购物，使用移动支付完成交易，享受更便捷和安全的购物体验。

（三）社交媒体和移动营销的融合

1.社交媒体在移动营销中的作用

社交媒体在移动营销中发挥着重要的作用，以下是一些关于社交媒体在移动营销中的作用的观点：

（1）广告和品牌曝光

社交媒体平台如微博、抖音、快手等为品牌提供了广告投放的机会，在用户的社交中显示广告，提高品牌曝光度和知名度。

（2）用户参与和互动

社交媒体平台为用户和品牌之间的互动提供了便利渠道。用户可以通过评论、分享、点赞等与品牌进行互动，提供反馈和建议，增强品牌与用户的联系。

（3）精准定位和目标受众

社交媒体平台拥有庞大的用户数据，可以根据用户的兴趣、行为和偏好进行精准定位和目标受众推送。这使得品牌能够将广告和营销信息传达给潜在的目标受众。

2.移动设备与社交媒体的无缝连接

移动设备与社交媒体之间实现了无缝的连接，具体体现在：

（1）社交媒体应用的移动优化

社交媒体平台为移动设备提供了专门的应用程序，这些应用程序经过优化，以适应移动设备的屏幕尺寸和交互方式。用户可以随时通过移动设备访问社交媒体平台，与朋友和品牌进行互动。

（2）社交分享的便捷性

移动设备使得社交分享变得更加便捷。用户可以通过移动设备拍摄照片、录制视频，并通过社交媒体应用立即分享给朋友和关注者，增加社交媒体上的互动和曝光。

（3）社交登录和社交整合

许多移动应用提供了社交登录功能，允许用户使用社交媒体账号登录应用，减少了注册和登录的步骤。此外，移动应用还可以与社交媒体整合，使用户能够方便地分享应用内容和活动到社交媒体平台。

三、移动营销的关键发展方向

（一）数据驱动的个性化营销

1.移动设备所产生的大数据

移动设备的普及和使用导致了大量的数据产生。用户在移动设备上的活动，如搜索、浏览、购物、社交媒体互动等，都产生了海量的数据。这些数据包括用户的偏好、兴趣、行为和地理位置等信息，为个性化营销提供了宝贵的资源。通过收集和分析这些数据，营销人员可以更好地了解用户的需求、行为模式和购买习惯。这有助于定位目标受众、优化营销策略，提供更精准的营销内容和个性化的推荐，从而增加用户的参与度和购买意愿。

2.个性化推荐和定制化体验的重要性

个性化推荐和定制化体验是数据驱动的个性化营销的核心要素。通过分析用户的历史数据和行为，营销人员可以为每个用户提供个性化的推荐和定制化的体验。个性化推荐利用机器学习算法等，根据用户的偏好和行为模式，向用户推荐相关的产品、服务或内容。这种个性化的推荐能够提高用户的满意度和参与度，增加用户对品牌的忠诚度和购买意愿。

定制化体验是根据用户的需求和偏好，为用户提供定制化的服务和体验。通过了解用户的个人喜好和购买历史，营销人员可以为用户量身定制营销活动、优惠和奖励，从而增加用户的参与度和忠诚度。个性化推荐和定制化体验的重要性在于满足用户的个性化需求，提供更加精准和有针对性的营销内容和服务。这不仅提高了用户的满意度和参与度，也增加了品牌的竞争力和市场份额。

（二）增强现实和虚拟现实技术的应用

1.移动设备上的增强现实和虚拟现实技术

增强现实（Augmented Reality，AR）和虚拟现实（Virtual Reality，VR）是一种融合现实和虚拟元素的技术。移动设备上的增强现实和虚拟现实技术已经得到广泛应用。

通过移动设备的摄像头和显示屏，将虚拟内容叠加到真实世界中。用户可以通过移动设备观看增强现实应用中的虚拟物体、信息和互动体验。通过佩戴虚拟现实头盔或使用移动设备上的VR应用，用户可以沉浸在虚拟的三维环境中，与虚拟对象进行互动和体验。

2.与移动营销的结合与应用

增强现实和虚拟现实技术与移动营销相结合，为品牌提供了创新和互动的方式，增强用户体验和品牌参与度。以下是一些与移动营销结合应用的例子：

虚拟试衣：通过移动应用的增强现实技术，用户可以在现实环境中试穿虚拟的衣物、配饰或化妆品，以了解其效果。品牌可以利用这种技术提供更好的购物体验，帮助用户做出更准确的购买决策。

虚拟展示和体验活动：品牌可以利用虚拟现实技术创建虚拟展览、活动和体验。通过移动设备上的VR应用，用户可以参观虚拟展览、体验虚拟活动，并与虚拟物体进行互动，提高品牌参与度和用户体验。

增强现实广告和推广：品牌可以在移动应用中利用增强现实技术创建互动的广告和推广内容。用户可以通过移动设备观看增强现实广告，与虚拟物体互动，获取额外的信息或优惠。

（三）位置营销和地理定位服务的利用

1.移动设备的定位功能和地理信息服务

移动设备具备定位功能，如GPS（全球定位系统）和基站定位等技术，可以获取用户的地理位置信息。同时，地理信息服务提供了详细的地理数据和地图信息，为位置营销提供了基础。

通过移动设备的定位功能，营销人员可以获得用户的实时地理位置信息，了解用户所在的城市、街区或具体位置，从而实现更精准和个性化的营销策略。

2.基于位置的营销策略和应用案例

基于位置的营销策略利用移动设备的定位功能，结合地理信息服务，为用户提供定位相关的个性化营销内容和服务。

位置推送通知：通过移动应用或短信推送，根据用户的地理位置发送定位相关的促销、优惠券或特别活动通知。例如，当用户进入某个商场或附近的商店时，可以收到该商店的优惠信息。

地理定向广告：在移动应用或移动网页中，根据用户的地理位置显示相关的广告。例如，在用户搜索附近餐馆时，可以展示附近餐馆的广告，为用户选择提供方便。

位置数据分析和预测：通过分析用户的地理位置数据，营销人员可以了解用户的行为模式、喜好和消费习惯。基于这些数据，可以进行位置数据分析和预测，帮助营销人员优化营销策略和个性化推荐。

基于位置的营销策略可以提供更具针对性和个性化的体验，使营销活动更加精准和有效。

通过利用移动设备的定位功能和地理信息服务，营销人员可以实现更好地定位目标受众、提高用户参与度和促进购买行为。

四、挑战与应对措施

（一）隐私和安全问题

移动设备中存在着隐私和安全的风险，包括数据泄露、恶意软件、身份盗窃等。这些问题可能影响用户对移动营销的信任度和参与度。

为了应对隐私和安全问题，移动营销应采取一系列的隐私保护和安全措施。这包括加密数据传输、使用安全的身份验证和授权机制、保护用户个人信息的隐私等。

（二）跨平台兼容性和多渠道发布

移动市场涵盖了多种不同的平台和设备，如 iOS、Android 和 Windows Phone 等。这些平台和设备之间存在着差异，包括操作系统、屏幕尺寸、分辨率等。为了应对跨平台兼容性的挑战，开发者可以采用跨平台开发工具和框架，如 React Native、Flutter 和 Ionic 等，以实现一次开发，多平台适配的效果。同时，多渠道发布可以通过应用商店、移动网站和社交媒体等渠道，以覆盖更广泛的用户群体。

（三）用户体验和用户参与度的提升

移动用户对优质的用户体验有着较高的期望。他们希望应用具有简洁易用的界面、快速的加载速度、流畅的交互体验等。为了提升用户体验和参与度，移动营销应采取以下策略和方法：提供简洁易用的界面设计，减少页面加载时间；优化移动应用的性能，确保流畅的交互体验；利用个性化推荐和定制化内容，满足用户的个性化需求；鼓励用户参与和互动，如通过用户评论、社交分享等方式。

通过充分考虑隐私和安全问题、采用跨平台开发和多渠道发布的解决方案，以及提升用户体验和参与度的策略，移动营销可以更好地应对挑战，提升用户满意度和品牌价值。

第二节　响应式网页设计与移动应用开发

在移动互联网蓬勃发展和智能设备的普及下，响应式网页设计和移动应用开发成为了当今互联网领域的重要议题。随着用户越来越多地使用移动设备浏览网页和使用应用程序，网页和应用程序的适应性和用户体验变得至关重要。响应式网页设计能够自动适应不同设备和屏幕尺寸，提供一致和流畅的用户界面，而移动应用开发则专注于为移动设备设计和开发独立的应用程序。

一、响应式网页设计

响应式网页设计是一种设计方法，旨在使网页能够自适应不同设备和屏幕尺寸，以提供一致和优化的用户体验。它通过使用弹性布局、媒体查询和适应性媒体等技术，使网页能够根据设备的特性和屏幕大小进行相应调整，确保内容的可读性和布局的适应性。

响应式设计的概念最早由 Ethan Marcotte 于 2010 年提出，并随着移动设备的普及而迅速发展。过去，设计师需要为不同设备编写独立的网页版本，而响应式设计通过一次开发，使得网页能够适应各种屏幕大小和设备类型，大大简化了开发和维护的工作量。

（一）响应式设计的核心原则

1. 弹性布局

响应式设计采用流动的网格系统和相对单位（如百分比、EM 等），使网页布局能够根据屏幕尺寸自动调整和适应。这样，网页的各个元素能够在不同设备上自动重新排列和调整大小。

2. 媒体查询

通过使用 CSS 媒体查询技术，根据不同设备的特征和屏幕尺寸，为不同的视口提供不同的样式和布局。媒体查询使得开发者能够根据设备特性来针对性地优化网页的外观和功能。

3. 适应性媒体

响应式设计中的图片和媒体元素也需要具有适应性。通过使用弹性图片和媒体的处理方法，这些元素能够根据设备屏幕大小进行适当缩放和调整，以保持内容的清晰度和可视性。

（二）响应式设计的目标和优势

1. 提供一致的用户体验

无论用户使用什么设备，响应式设计可以确保他们获得相似且一致的网页体验，无需手动调整或缩放内容。用户可以自由切换不同设备而无需担心用户界面和内容的差异。

2. 节省开发和维护成本

通过一次设计和开发，可以适应多个设备和屏幕尺寸，减少了开发和维护的工作量和成本。而传统的独立开发方式需要为每个设备编写不同的代码和布局。

3. 支持多设备和平台的兼容性

响应式设计能够适应各种设备和平台，包括桌面电脑、平板电脑、手机等。这样可以提供一致的用户体验和界面交互，无论用户使用何种设备访问网页，都能获得相似的功能和布局。

4. 提高搜索引擎优化（SEO）

响应式设计可以使网页内容更易于索引和排名，提高搜索引擎的可访问性和可见性。由于网页只有一个 URL，搜索引擎可以更轻松地索引和识别网页的内容，提高搜索排名和流量。

5. 提升页面加载性能

根据设备和屏幕尺寸加载适当的资源和内容，响应式设计可以减少页面加载时间和数据传输量，提高页面加载性能。这对于移动设备用户来说尤其重要，因为他们通常在移动网络环境下访问网页。

二、移动应用开发概述

移动应用开发是指设计和构建适用于移动设备（如智能手机和平板电脑）的应用程序的过程。随着移动设备的普及和移动互联网的快速发展，移动应用开发变得越来越重要。

（一）移动应用的特点

移动应用相对于传统的桌面应用具有一些独特的特点，这些特点需要开发者在设计和开发过程中予以考虑。以下是对移动应用的特点的详细阐述：

小屏幕尺寸：移动设备的屏幕尺寸相对较小，与传统的桌面设备相比有限的显示空间需要开发者在设计界面时更加注重信息的组织和布局，以确保内容的清晰度和可读性。

触摸交互：移动设备的主要输入方式是通过触摸屏幕进行交互。触摸交互与传统的鼠标和键盘交互方式有所不同，需要开发者设计合适的触摸控件和手势操作，以提供更直观、易用和愉悦的用户体验。

移动性：移动应用的主要特点之一是其移动性，用户可以在任何时间、任何地点使用移动设备来访问应用程序。这意味着开发者需要考虑应用在不同网络环境和设备状态下的表现，确保应用能够稳定运行并适应不同的使用场景。

设备传感器的利用：移动设备通常配备了多种传感器，如加速度计、陀螺仪、位置传感器、指纹识别等。开发者可以利用这些传感器来提供更丰富和个性化的功能，例如运动追踪、位置服务、指纹解锁等，增强用户体验和应用的实用性。

多平台兼容性：移动设备市场涵盖了多个操作系统平台，如 iOS、Android、Windows 等。为了最大程度地覆盖用户群体，开发者需要考虑跨平台兼容性，即能够在不同的操作系统上运行和适应。

能耗和性能优化：移动设备的能源和性能有限，开发者需要注意应用的资源利用和性能优化，以保证应用在使用时能够高效运行并节省电池消耗。

（二）移动应用开发生命周期

移动应用开发涉及从需求分析到设计、开发、测试、部署和维护的整个生命周期。在每个阶段都需要进行合理规划和有效执行，以确保应用的质量和用户满意度。以下是对移动应用开发生命周期的详细阐述：

1.需求分析阶段：

（1）明确应用的目标受众、功能和特性，并与相关利益者进行沟通和讨论，以明确开发方向。

（2）收集和分析用户需求和期望，了解他们对应用的期望和使用场景，为后续的设计和开发提供指导。

2.设计阶段：

（1）基于需求分析的结果，设计应用的用户界面，包括布局、颜色、图标、字体等，以提供良好的用户体验。

（2）根据用户需求和应用目标，设计应用的各项功能和模块，确定应用的核心功能和辅助功能。

（3）设计应用所需的数据库结构和数据模型，以支持数据的存储和管理。

3.开发阶段：

（1）基于设计阶段的结果，进行应用的编码和实现。根据选择的开发平台和编程语言，使用相应的开发工具和技术进行开发。

（2）对应用进行测试和调试，包括功能测试、界面测试、性能测试等，以确保应用的稳定性和功能完备性。

4.部署阶段：

（1）准备应用的发布版本，包括打包、签名和生成应用安装文件等。同时，准备相关的营销资料和应用描述，以便在应用商店发布时使用。

（2）将应用提交到相关的应用商店，如 Apple App Store、Google Play 和 Microsoft Store 等。在提交之前，需要遵守应用商店的审核规则和政策。

5.维护阶段：

（1）根据用户反馈和市场需求，及时修复应用中的错误和漏洞，改进应用的功能和性能，以提供更好的用户体验。

（2）定期进行安全检查和更新，确保应用的安全性和用户数据的保护。

（3）处理用户的反馈和问题，提供技术支持和解决方案，以增强用户满意度和忠诚度。

三、响应式网页设计和移动应用开发在移动营销中的作用

响应式网页设计和移动应用开发在移动营销中发挥着重要的作用。首先，响应式网页设计允许品牌为不同设备的用户提供一致和优化的用户体验。移动设备的普及使得用户越来越多地使用手机和平板进行在线活动。通过响应式网页设计，品牌可以确保网页在不同屏幕尺寸上的适应性，提供良好的浏览和交互体验，从而增加用户的满意度和留存率。

其次，移动应用开发通过移动设备的特性和功能，提供了更丰富和个性化的用户体验，从而增加用户的参与度。移动应用可以集成各种交互式功能和个性化推荐，通过推送通知、定制化内容和优惠等方式与用户互动。这种互动性和个性化体验能够增强用户的参与度和忠诚度，促使他们更频繁地使用应用和与品牌进行互动。

移动应用开发还支持移动支付和购物体验。通过集成移动支付功能，品牌可以提供方便、快捷和安全的购物体验。移动支付已经成为用户购物的常见方式，通过移动应用，品牌可以为用户提供多种支付选项，简化购买流程，增加购买转化率和用户满意度。

此外，响应式网页设计和移动应用开发还提供实时数据和分析的能力。移动应用可以集成数据和分析工具，帮助品牌了解用户行为和偏好。通过收集和分析移动应用中的数据，品牌可以优化营销策略，精确定位目标受众，个性化推荐和精细化营销，提高营销效果和回报率。

四、响应式网页设计与移动应用开发的关联

（一）响应式网页与移动应用的共通点和区别

响应式网页设计和移动应用开发都是为了适应移动设备的需求，并提供良好的用户体验。它们有一些共通点和区别，下面进行详细阐述。

1.共通点

（1）响应式网页设计和移动应用开发都关注移动设备用户的需求，致力于提供优化的界面和功能，以适应小屏幕尺寸、触摸交互和移动性等特点。

（2）两者都注重用户体验，通过用户界面设计、交互设计和功能设计等方式，提供用户友好和易用的体验，以吸引用户并促进用户参与和留存。

2.区别

（1）技术实现方式不同

响应式网页设计主要依靠 HTML、CSS 和 JavaScript 等前端技术实现，通过媒体查询和流动布局等技术来适应不同屏幕尺寸。而移动应用开发涉及使用特定的编程语言和开发工具，如 Java 或 Kotlin（Android）、Objective-C 或 Swift（iOS）等，以创建针对特定操作系统的应用程序。

（2）离线访问和设备功能利用

移动应用具有离线访问的能力，可以在没有网络连接的情况下继续提供功能。此外，移动应用可以利用设备传感器、相机、位置信息等硬件功能，提供更丰富和个性化的功能和体验。而响应式网页则更依赖于网络连接，并受到浏览器的限制。

（3）发布和分发方式

响应式网页可以通过互联网浏览器访问，并且无需下载和安装。而移动应用需要通过应用商店或其他分发渠道进行下载和安装。

（二）移动应用中的响应式设计原则

在移动应用开发中，响应式设计原则可以确保应用在不同屏幕尺寸和设备上提供一致和优化的用户体验。以下是一些移动应用中的响应式设计原则：

1.自适应布局

设计应用界面时，采用自适应布局，使得界面元素可以根据不同屏幕尺寸自动适应和调整，以保证内容的可读性和合理的排版。

2.灵活的图像和媒体

使用灵活的图像和媒体技术，其可以根据屏幕尺寸和分辨率进行自适应调整，以提供高质量的图像和流畅的媒体体验。

3.触摸友好的交互

考虑到移动设备主要采用触摸屏幕进行交互，设计应用时应使用适当的控件和手势，以确保用户可以轻松地操作和导航。

4.简洁和焦点导向

在移动设备上，屏幕空间有限，因此应用的界面设计应简洁明了，将重点放在核心功能和信息上，减少不必要的干扰和复杂性。

（三）移动应用中的网页视图和嵌入式网页

移动应用可以包含网页视图和嵌入式网页，以提供更丰富和多样化的内容和功能。网页视图是在应用中显示网页内容的容器，可以通过内嵌浏览器或 WebView 来实现。嵌入式网页是将网页内容嵌入应用的特定界面或模块中。通过网页视图和嵌入式网页，移动应用可以实现以下功能：

显示和浏览网页内容：用户可以在应用中直接浏览网页内容，无需离开应用。

加载动态内容：应用可以从服务器加载动态的网页内容，提供实时更新和个性化体验。

扩展功能和服务：通过嵌入式网页，应用可以集成第三方服务和功能，如社交媒体分享、在线支付等，增强应用的功能和便利性。

（四）移动应用与响应式网页的协同工作

移动应用和响应式网页可以协同工作，提供更全面和一致的用户体验。以下是移动应用与响应式网页的协同工作方式：

1.统一品牌和设计风格

移动应用和响应式网页应该在品牌标识和设计风格上保持一致，以确保用户在不同平台和设备上都能获得相似的品牌体验。

2.交叉推广和链接

移动应用可以通过响应式网页进行推广，提供下载链接和应用介绍页面。同时，在响应式网页上可以引导用户下载应用，以提供更丰富和交互性更高的体验。

3.数据同步和互通

移动应用和响应式网页可以共享数据，确保用户的数据和设置在不同设备上同步。例如，用户在应用中进行的操作可以在响应式网页上反映出来，用户可以在不同设备间无缝切换和访问。

通过这种协同工作，移动应用和响应式网页能够提供一致和综合的用户体验，帮助品牌更好地与用户互动，提高用户参与度和忠诚度。

第三节　移动广告与位置营销

随着移动互联网和智能手机的快速发展，移动广告和位置营销正在迅速成为营销界的重要领域。移动广告和位置营销之间的关联性在于，两者都依赖于移动设备的广泛使用，而且都强调在正确的时间向正确的人发送正确的信息。通过结合移动广告和位置营销，企业可以更有效地触达目标消费者，提高广告的有效性，优化营销效果。本节将深入探讨这两种策略的具体应用。

一、移动广告时代来临

（一）移动广告的概念

移动广告是一种通过移动设备（如智能手机、平板电脑和可穿戴设备）发布和传播广告信息的营销策略。它充分利用了移动设备的携带便捷、实时互动和定位等特性，向消费者传递具有高度针对性和互动性的广告。

移动广告可以采取多种形式，如应用内广告、短信或多媒体消息服务广告、移动搜索广告、移动视频广告等。它们可以是文字、图片、音频、视频或者这些元素的组合。这些广告通常被嵌入移动应用程序或网页中，当用户使用应用或浏览网页时，可以看到这些广告。

相较于传统的营销方式，移动广告有其独特的优势。它不仅可以提供更具针对性和个性化的广告，还可以实现实时反馈和互动，提高广告的转化率。而且，移动广告可以通过跟踪用户的行为和位置信息，进行更精细化的用户画像和定向投放，从而提高广告的有效性。

（二）移动广告的发展历程

移动广告的发展历程可以追溯到 20 世纪 90 年代，随着移动通信技术和互联网的发展，移动广告逐渐进入人们的视野。以下是移动广告的主要发展阶段：

1. 短信广告时期（20 世纪 90 年代末到 2000 年初）

这是移动广告的最初阶段，广告商通过短信的方式将广告信息发送给用户。尽管这种方式的覆盖面广，但用户体验较差，且缺乏针对性。

2. 移动网页广告时期（2000 年中）

随着手机互联网的普及，移动网页广告开始出现。这种广告形式主要在手机浏览器的网页中展示广告。

3. 移动应用广告时期（2000 年末）

智能手机的普及使得移动应用广告得以发展。这种广告形式包括在应用内部展示的横幅广告、插屏广告、视频广告等。

4. 基于位置的移动广告（2010 年初至今）

随着定位技术的发展，基于位置的移动广告逐渐成为主流。这种广告形式可以根据用户的实际地理位置发送相关的广告，提高广告的针对性。

（三）移动广告的商业价值

移动广告具有重要的商业价值，以下是几个方面的价值体现：

广告主的市场触达：移动广告为广告主提供了广泛的市场触达机会。随着移动设备的普及和用户的移动化行为，移动广告能够将广告信息准确地传递给目标受众，帮助广告主拓展市场份额并吸引新的客户。

定向投放和精准营销：移动广告具备精准的定向投放能力，可以根据用户的地理位置、兴趣、行为等数据进行定向投放。这使得广告主能够将广告针对性地展示给真正感兴趣的受众，提高广告的点击率和转化率，降低广告投放成本。

丰富的广告形式和创意性：移动广告支持多种形式，如插页式广告、原生广告、视频广告等，提供了更多的展示方式和创意性。这为广告主提供了更多的创意和互动性，能够更好地吸引用户的注意力和提升品牌形象。

数据驱动的优化和效果分析：移动广告通过收集用户的行为数据和交互数据，能够实时监测广告效果并进行优化。广告主可以基于数据分析来优化广告投放策略，提高广告的效果和转化率。

新兴技术的应用：移动广告受益于新兴技术的发展，如增强现实（AR）、虚拟现实（VR）、人工智能（AI）等。这些技术为移动广告带来更多的创新和互动体验，提升用户参与度和品牌影响力。

总体而言，移动广告在为广告主提供市场触达和精准营销的同时，也为用户提供了个性化的广告体验和丰富的互动性。通过数据驱动的优化和创新技术的应用，移动广告具有巨大的商业价值，为广告主带来更高的品牌认知、销售增长和业绩提升。

二、位置营销

（一）位置营销概述

位置营销是一种基于用户位置信息的营销策略，通过用户的地理位置数据来推送个性化的营销信息，以增加用户参与度和促进消费行为。

用户位置数据收集：位置营销的第一步是收集用户的位置数据。这可以通过各种技术手段实现，如全球定位系统（GPS）、WiFi 定位、蓝牙等。收集到的位置数据可以包括用户所在的城市、地区、商圈等。

地理定位的个性化推送：根据用户的地理位置信息，向他们发送个性化的推送消息。例如，当用户进入特定商圈时，可以向他们推送相关商家的促销信息或优惠券。

地理围栏的触发营销：设置虚拟的地理围栏，在用户进入或离开围栏范围时触发特定的营销活动。例如，当用户进入某个商店附近时，可以发送欢迎消息或特别优惠。

本地搜索优化：为本地商家优化搜索引擎和地图应用中的信息，使他们在用户搜索附近服务时能够更容易地找到。通过提供准确的位置信息、营业时间和用户评价等，吸引用户到访并提高曝光度。

数据分析和优化：收集和分析用户的位置数据和行为数据，了解用户在不同位置的喜好和行为习惯。根据数据分析的结果，优化位置营销策略，提供更精准、个性化的营销活动。

（二）位置营销的影响

位置营销是一种利用地理定位技术向特定地理位置的消费者提供个性化广告信息的营销策略。这种营销策略的出现，正在对商业环境产生深远影响。

位置营销为企业开启了一种新的、更高效的营销方式。它让广告和推广信息能直接送达最可能对其产生兴趣的消费者，这无疑大大提升了营销活动的效率。在这个过程中，个性化的体验成为关键。例如，零售商可以根据消费者的具体位置，向其发送优惠券或特别优惠信息，从而吸引他们进入店内或进行购买。

对于消费者来说，位置营销也为他们带来了更加个性化和便捷的购物体验。他们可以得到更具针对性的产品或服务信息，减少了搜索成本。同时，及时的优惠信息也增强了他们的购物动机，提升了购物体验。

（三）位置营销面临的挑战

1.传感上的差异

位置营销依赖于精确的地理位置数据，这些数据通常由 GPS、WiFi、蓝牙等多种传感器提供。然而，不同设备和应用对这些传感器的使用和准确性可能存在差异，这可能影响位置营销的精度和效果。例如，某些地方可能 GPS 信号不佳，而 WiFi 或蓝牙的覆盖也可能不均匀。此外，消费者可能因为隐私 concerns 禁用某些传感器，这也会对位置数据的获取带来挑战。

2.隐私问题

虽然位置营销可以提供个性化的消费者体验，但同时也引发了隐私问题。消费者可能担心他们的位置信息被滥用，导致他们的隐私权受到侵犯。因此，企业在实施位置营销时，必须要尊重和保护消费者的隐私权，遵守相关法规，透明地处理消费者的位置数据。

3.用户参与意愿

用户是否愿意参与位置营销，也是一个挑战。有些用户可能不理解位置营销的好处，或者不愿意分享他们的位置信息。因此，企业需要教育用户，让他们理解位置营销的价值，同时也要尊重他们的选择，提供退出选项。

4.数据处理与分析能力

位置营销产生了大量的数据，包括用户的地理位置、行为习惯等信息。企业需要有足够的数据处理和分析能力，才能从这些数据中提取出有价值的信息，制定出有效的营销策略。

三、移动广告和位置营销的整合策略

（一）基于位置营销的移动广告的优势

1.提升用户体验

整合移动广告和位置营销可以提供更为精准且个性化的用户体验。比如，用户在特定的地点和时间，可以收到最相关的广告推送，这不仅满足了用户的即时需求，也增加了广告的实效性。同时，这种精准的推送方式还有助于减少无关的广告干扰，进一步提升用户体验。

2.深化用户画像

移动广告与位置营销的整合，可以让企业获取到用户的行为数据和地理位置信息，有助于深化用户画像，更精准地理解和预测用户需求，从而实现更有效的营销。

3.提高营销效率和投资回报

位置信息为移动广告提供了新的定向策略，使广告可以更精准地投放到最有可能产生交互和转化的用户群体中，从而提高营销效率和投资回报。

4.增加品牌的地理知名度和竞争优势

整合移动广告和位置营销可以帮助品牌增加地理上的知名度和竞争优势。通过在用户所在的特定地理位置进行广告投放和推广，品牌可以更好地渗透到目标市场，并在该地区建立起强大的品牌形象和认知度，从而提高品牌的地理竞争力和市场份额。

（二）基于位置营销的移动广告的设计和实施

基于位置的移动广告的设计和实施涉及以下方面：

1.收集和分析位置数据

通过移动设备和定位技术（如 GPS、Wi-Fi、蓝牙等），收集用户的位置数据。这些数据可以包括用户的地理坐标、移动路径、常去地点等。通过数据分析，了解用户的位置偏好、行为习惯和消费意向。

2.确定目标受众和地理区域

根据位置数据分析的结果，确定目标受众和要定位的地理区域。将用户细分为特定的人群，根据他们的位置和兴趣来定位广告投放的目标区域。

3.选择合适的广告形式和媒体渠道

根据目标受众和地理区域，选择适合的广告形式和媒体渠道。这可以包括移动应用内广告、移动网页广告、原生广告、插页式广告等。选择广告形式时应考虑用户体验和广告内容的相关性。

4.制定个性化广告内容

根据目标受众的位置和兴趣，设计个性化的广告内容。广告内容应与用户所处的地理环境和情境相符合，具有吸引力和相关性，以增加用户的关注度和参与度。

5.地理围栏设置和触发

根据目标区域，设置虚拟的地理围栏，当用户进入或离开围栏范围时触发相应的广告展示或推送。地理围栏可以通过位置服务和移动应用开发工具来实现。

6.数据监测和优化

实施基于位置的移动广告后，对广告效果进行监测和优化。收集广告投放的数据，包括展示次数、点击率、转化率等指标，以评估广告的效果。根据数据分析的结果，优化广告投放策略和广告内容，提高广告的效果和回报。

通过以上步骤，可以设计和实施基于位置的移动广告，提供更精准、个性化的广告体验，提高广告效果和用户参与度。同时，要密切关注数据分析和合规性要求，不断优化广告策略，保护用户隐私和数据安全。

（三）基于位置营销的移动广告的案例分析

美团是中国领先的本地生活服务平台，利用位置信息来实施基于位置的移动广告。通过用户的地理位置数据，美团可以向用户推送附近商家的优惠券、特别促销活动等个性化广告。例如，当用户进入一个商业区或购物中心时，美团可以通过推送通知告知用户附近有哪些优惠活动和餐厅、商家的特价菜单，引导用户进入商家进行消费。这样的广告定向和个性化推送有助于提升用户体验和促进消费行为。

高德地图是中国主流的导航和地图应用之一，在移动广告中成功运用了位置营销。当用户在高德地图上进行路线规划或搜索特定地点时，高德地图可以在用户的导航路径或搜索结果中展示相关商家的广告。例如，当用户搜索餐厅时，高德地图可以在搜索结果中显示附近的餐厅广告，提供餐厅的特色菜单、评价和优惠信息。这种基于用户位置和搜索意图的广告展示，能够满足用户的实时需求，提供更有价值的广告体验。

这些案例展示了基于位置的移动广告在实际应用中的成功之处。通过利用用户的位置数据和相关的应用场景，这些平台能够提供更准确和个性化的广告推送，增强用户参与度和广告效果。这种基于位置的移动广告不仅提供了商家与用户之间的联系桥梁，也为用户提供了更多的购物、用餐和娱乐选择。

第四节　微信营销与移动社交媒体策略

在众多移动社交媒体平台中，微信作为中国最具影响力和活跃度的移动社交媒体平台，吸引了大量用户和企业的关注。微信营销作为移动社交媒体策略的重要组成部分，成为企业实现品牌传播、用户互动和营销转化的关键途径。本节就对微信营销的策略展开研究。

一、微信概述

（一）微信的历史与发展

微信是一款由中国科技巨头腾讯公司开发的即时通讯和社交媒体应用程序。自 2011 年 1 月 21 日正式上线以来，微信经历了持续的发展和演进，成为了移动互联网的中心，对人们的生活和社交方式产生了深远的影响。

微信最初提供了基本的即时通讯功能，用户可以通过文字、语音和图片等方式进行交流。随着用户数量的快速增长，微信开始不断增加新功能和服务，以满足用户的需求。

在早期发展阶段，微信添加了"查看附近的人"的陌生人交友功能，吸引了更多用户的加入。到 2011 年底，微信用户已经超过了 5000 万。2012 年，微信的用户数量突破 1 亿，耗时 433 天。为了提升用户体验，微信发布了 4.0 版本，引入了类似 Path 和 Instagram 的相册功能，并且支持将相册分享到朋友圈。

随着时间的推移，微信继续增加新功能和服务。2012 年，微信发布了 4.2 版本，增加了视频聊天插件，并推出了网页版微信界面。不到 6 个月的时间，微信用户数量突破了 2 亿。2013 年，微信用户达到了 3 亿，并发布了 4.5 版本，增强了实时对讲和多人实时语音聊天功能，丰富了"摇一摇"和二维码的功能，并支持对聊天记录进行搜索、保存和迁移。

除了即时通讯功能，微信逐渐发展出更多的功能和服务。2014 年，微信推出了微信支付，用户可以在微信中进行在线支付。2015 年，微信推出了微信红包功能，让用户可以通过微信发送和接收红包。2016 年，微信进一步拓展了功能，推出了企业微信、微信小程序，并在移动支付领域与支付宝竞争。

微信的成功在于持续满足用户需求并提供优质的用户体验。随着用户数量的不断增长，微信成为了移动互联网的基础设施。其他厂商可以借助微信的能力更低成本地获取用户。微信也积极承担了流量分发的重任，并逐渐在自身平台内发展了更多的功能，如资讯、金融、搜索、游戏和电商等，进一步增强了微信对用户的黏性。

总体而言，微信的历史与发展展示了其作为移动互联网领域的领导者和基础设施的重要性。微信不断创新和改进，满足用户需求，并在其平台上拓展了多样化的功能和服务。微信的成功为开发者和企业提供了丰富的商机，也改变了人们的社交方式和生活方式。

（二）微信用户的概况

1.用户数量

截至 2023 年，微信全球月活跃用户数超过 10 亿。微信在中国内地市场拥有广泛的用户基础，并在许多其他国家和地区也拥有大量用户。

2.地域分布

微信最初在中国内地兴起，并在那里获得了极高的普及率和用户活跃度。除中国外，微信在其他亚洲国家如印度、印度尼西亚、马来西亚等也非常流行。此外，微信在一些国际市场如加拿大、澳大利亚、美国等也有一定的用户基础。

3.年龄分布

微信的用户群体覆盖了各个年龄段，但在年轻人中更为普遍。年轻人使用微信的频率较高，他们经常使用微信进行社交、娱乐和获取信息。同时，微信也吸引了一些中年和老年用户，他们主要使用微信与亲友保持联系和获取实时新闻信息。

4.性别分布

微信用户的性别比例相对均衡，男性和女性用户数量相当。

5.用户行为和使用时长

微信成为许多用户日常生活中不可或缺的工具。用户通过微信进行即时通讯、社交互动、共享照片和视频、获取新闻资讯、玩小游戏、使用小程序、进行移动支付等。根据数据显示，微信用户的单人日均使用时长可高达90分钟左右。

二、微信营销的优势与手段

（一）微信营销的优势

微信营销具有多种优势，具体说来有以下几种：

1.庞大的用户基础

微信拥有数以亿计的活跃用户，为企业提供了广阔的潜在客户群体。这使得企业有机会触达大量的目标用户，增加品牌曝光度和推广效果。

2.精准的营销定位

微信平台具有丰富的用户数据，企业可以根据用户的兴趣、地理位置、消费行为等信息进行精准的营销定位。通过定向推送和个性化内容，提高用户的参与度和购买意愿。

3.多样化的营销工具和功能

微信提供了多种功能和工具，如公众号、小程序、支付、广告等，这使企业可以选择适合自己业务的营销方式。这种多样性帮助企业更好地与用户互动，并满足不同营销目标的需求。

4.强大的社交互动性

微信是一个社交媒体平台，用户可以与朋友、家人和企业进行互动。这为企业提供了与用户建立更紧密关系的机会，增强用户忠诚度和口碑传播效果。

5.实时沟通和客户服务

微信提供实时通讯的功能，企业可以与用户直接沟通和互动。这使得企业能够更快地回复用户的问题和反馈，提供即时的客户服务，增强用户体验和满意度。

6.数据分析和优化

微信提供了丰富的数据分析工具，帮助企业了解用户行为、偏好和转化率等关键指标。通过数据分析，企业可以优化营销策略和内容，提高营销效果和ROI。

7.亲民且个性化的推送方式

微信营销的推送方式是亲民且个性化的。用户可以自主选择是否接收信息，同时企业可以根据用户的特征和兴趣进行个性化的推送，提供更有价值和相关性的内容。

8.强大的互动和参与度

微信平台提供了多种互动功能，如评论、点赞、分享等，用户可以参与到品牌的互动活动中。这种互动和参与度可以增强用户对品牌的认知和忠诚度。

（二）微信营销的主要手段

微信营销的主要手段包括以下几种：

公众号：微信公众号是企业在微信平台上建立的官方账号，通过发布文章、图文、视频等形式与用户进行互动和传播信息。企业可以通过公众号与用户建立长期稳定的关系，提供品牌故事、产品介绍、行业资讯等内容，吸引用户关注和参与。

朋友圈：微信朋友圈是用户分享和发布内容的空间，企业可以通过发布精心设计的图片、文字、链接等在用户朋友圈中展示品牌和产品信息。朋友圈的特点是用户之间的分享和互动，可以通过点赞、评论、分享等互动形式扩大品牌曝光度和传播范围。

小程序：微信小程序是在微信内部运行的轻量级应用程序，企业可以开发自己的小程序，提供在线购物、服务预约、游戏娱乐等功能。通过小程序，企业可以实现线上交互和销售，为用户提供更便捷的体验。

二维码：微信提供了个性化的二维码功能，企业可以生成自己的二维码，用户可以通过扫描二维码关注公众号、访问小程序、获取优惠等。二维码是一种快速引导用户与企业互动的方式，可以在各种宣传渠道上使用，如海报、广告、名片等。

微信群：微信群具有多人聊天的功能，企业可以创建群组，邀请用户加入讨论、互动和分享信息。微信群可以用于开展产品推广、线上活动、问答互动等，加强与用户的交流和参与度。

除了以上主要手段外，微信还提供了一系列其他的功能和工具，如微信支付、微信广告、微信摇一摇等，可以根据企业的需求选择适合的方式进行营销活动。需要根据具体的营销目标和用户群体，综合运用不同的手段，打造一个有吸引力和有效果的微信营销策略。

三、微信营销的策略研究

（一）公众号运营的策略

1.精准挖掘粉丝

运营团队需要了解其目标人群，包括他们的兴趣爱好、需求和行为习惯等，通过推出有针对性的内容和活动来吸引他们，可以通过社交媒体、搜索引擎、论坛、行业活动等渠道来寻找并了解潜在粉丝。

2.公众号的定位要准确

根据业务和目标人群来确定公众号的主题和风格。这个定位应该符合品牌形象，同时也要吸引目标人群。例如，如果目标人群是年轻人，那么公众号可能需要更加活泼、时尚的风格。

3.提升客户的信任感

建立信任感是建立忠诚粉丝的关键。可以通过提供高质量的内容、及时回复粉丝的消息、保护粉丝的隐私、积极解决粉丝的问题等方式来提升他们的信任感。

4.与线下推广相结合

线下推广可以帮助接触到更多的潜在粉丝，同时也可以让公众号有更加真实的感觉。在实体店铺、产品包装、广告、活动等地方放置公众号二维码，引导人们关注。此外，也可以通过举办线下活动，如研讨会、展览、体验活动等，来吸引人们关注公众号。

（二）小程序的利用和推广策略

1. 小程序的开发和设计原则

（1）注重小程序的界面设计和交互体验，确保用户能够轻松快捷地使用和享受小程序的功能。

（2）设计小程序时，需权衡页面简洁性和功能性，避免过度装饰或复杂的操作，保持界面简洁明了，功能齐全。

（3）优化小程序的加载速度和响应时间，确保用户能够快速进入和流畅地使用小程序。

（4）考虑不同设备和操作系统的兼容性，使小程序在不同终端上都能正常运行和展示。

2. 小程序的功能和服务定位

（1）明确小程序的目标用户，并根据他们的需求和偏好设计相应的功能和服务。

提供有价值的功能：确保小程序提供有实用性和有价值的功能，满足用户的需求，解决用户的问题。

（2）根据不同行业和用户特点，定制针对性的功能，提供更具个性化的服务体验。

（3）整合微信生态系统，利用微信支付、微信分享、微信登录等接口和功能，为用户提供一体化的服务和便利体验。

3. 小程序的推广和用户获取

（1）利用微信聊天群、朋友圈、微信公众号等社交媒体平台进行宣传。可以发布小程序的介绍、使用方法、特色功能等内容，并附上小程序的二维码供用户扫描。

（2）在实体店铺、商场、展会等场所设置小程序宣传牌、海报或二维码，吸引用户扫描并使用。可以将小程序与促销活动或优惠券结合起来，增加用户体验和参与度。

（3）与相关行业的合作伙伴、知名品牌或有影响力的公众号进行合作推广。可以互相宣传对方的小程序，通过互惠互利的合作来扩大用户群体。

（4）优化小程序的标题、描述和关键词，使其在微信搜索中排名靠前。关键词应与小程序的内容和服务相关，并且能够吸引潜在用户的搜索。

（5）提供优质的用户体验和服务，鼓励用户留下评价和好评，并分享小程序给朋友和家人。用户口碑的传播能够带来更多的用户和曝光。

（6）在微信平台上进行定向广告投放，选择目标用户群体进行精准推广。可以根据用户的兴趣、地理位置、性别等信息进行广告定向投放，提高推广效果。

（7）在小程序中添加分享插件，使用户可以方便地将小程序内容分享到社交媒体平台上，扩大传播范围。

（8）根据用户的历史行为和兴趣偏好，提供个性化的推荐内容和服务，增加用户黏性和使用频率。

以上策略可以根据小程序的特点和目标用户群体进行灵活组合和调整。同时，持续关注用户反馈和数据分析，及时优化小程序的功能和用户体验，提升推广效果和用户留存率。

（三）微信支付的整合和营销

微信支付的整合和营销是微信小程序推广中重要的一环。以下是关于微信支付的整合和营销的两个主要方面：

1.微信支付的便利性和用户体验

无缝支付体验：微信支付与微信小程序紧密集成，用户可以直接使用微信账号进行支付，无需输入额外的支付信息，提供了便捷的支付体验。

快速支付流程：微信支付的流程简洁快速，用户只需几步操作即可完成支付，节省了用户的时间和精力。

安全可靠性：微信支付采用了多层加密和防护措施，确保用户的支付信息安全，提升用户对支付的信任和满意度。

2.微信支付在营销中的应用和效果

促销活动和折扣：通过微信支付，可以实施促销活动和折扣策略，如满减、优惠券、折扣码等，吸引用户进行购买，并提升销售额。

积分和会员体系：结合微信支付和用户账号体系，可以建立积分和会员体系，为用户提供积分兑换、等级提升、会员特权等激励措施，增加用户参与度和忠诚度。

数据分析和用户洞察：微信支付提供了丰富的支付数据，如支付金额、购买时间、购买频率等，可以进行数据分析，深入了解用户行为和购买偏好，从而优化营销策略。

一键购买和快速支付：微信支付的便捷性和快速性可以促使用户快速完成购买行为，减少购物车放弃率，提高转化率和订单完成率。

四、实施微信营销的注意事项

实施微信营销的过程中，有很多方面需要特别注意。比如我们看到很多微商，滥发广告、恶意添加好友，甚至使用一些虚假的营销手法来吸引用户，这样的行为实际上都违反了微信的使用协议和规定。这不仅会破坏用户体验，降低公众号的信誉，还可能面临被微信平台封号的风险。

因此，遵守规定，尊重用户，坚持合法、规范、诚实的经营原则，是微信营销的基本要求。同时，公众号的内容更新需要保持一定的频率和质量。定期推出高质量的内容能够维系和增强用户的黏性，同时也能在微信的推荐算法中取得更好的效果。

另外，在内容的选择上，运营团队不仅要考虑到目标人群的需求和兴趣，还要避免使用过度的营销言辞，以免让用户产生反感情绪。这一点尤其重要，因为用户对于微商的推销方式已经产生了抵触心理，如果公众号也采取类似的方式，很可能会导致用户的流失。

此外，运营团队还需要定期监测和分析微信后台的数据，了解每一篇文章的阅读量、点赞量、分享量和留言反馈等情况，这些数据都能为优化内容策略提供重要的参考依据。

最后，除了发布内容，运营团队还需要积极地回应用户的留言和反馈，提供良好的客服服务，这样不仅能及时解决用户的问题，也能增强用户的满意度和忠诚度，从而提高公众号的活跃度和影响力。

第六章 网络营销的营销传播与推广策略

第一节 数字营销传播与内容营销

在当今全球化、数字化的时代，数字营销已经成为商业和品牌推广的重要工具。传统的营销方式已经无法满足消费者多元化、个性化的需求，也无法适应快速变化的市场环境。在此背景下，数字营销传播和内容营销逐渐引起了企业和研究者的关注。

一、数字营销传播概述

（一）数字营销传播的定义

数字营销传播是一种基于数字技术的营销策略，旨在通过电子设备和互联网进行产品或服务的推广。这种方式涵盖了各种在线和离线的方法，包括电子邮件营销、社交媒体营销、搜索引擎优化（SEO）、移动设备营销及各种在线广告形式等。

数字营销传播的起源可以追溯到 20 世纪 90 年代的互联网热潮。随着互联网的普及和电子商务的发展，企业开始转向在线渠道进行产品和服务的推广。随着技术的发展，尤其是社交媒体和移动设备的兴起，数字营销传播进入了一个全新的阶段。企业开始利用社交媒体进行品牌推广，使用移动设备向消费者发送个性化的信息。近年来，随着大数据和人工智能等技术的应用，数字营销传播已经进入了一个更为精准、个性化的时代。

（二）数字营销和网络营销的关系之辨

数字营销和网络营销是两个经常被一起提及的概念，它们之间有着密切的联系，但也有所不同。

数字营销是一个比较广泛的概念，它涵盖了所有利用数字技术进行的营销活动。这包括但不限于电子邮件营销、搜索引擎优化、社交媒体营销、内容营销、移动营销等。同时，数字营销不仅包括在线的营销活动，也包括一些离线的活动，如通过数字电视、电子显示屏、手机短信等进行的营销。

网络营销也被称为互联网营销，它是数字营销的一个子集，更加侧重于在线的活动。网络营销的主要工具和渠道包括网站、电子邮件、搜索引擎、社交媒体、在线广告等。

所以，网络营销可以被看作是数字营销的一部分，它主要关注的是利用互联网进行的营销活动。而数字营销则有更广泛的范围，包括了网络营销及其他利用数字技术进行的营销活动。

二、内容营销的理论与实践

（一）内容营销的概念和原理

内容营销是一种营销策略，其核心是通过创造和分享有价值、相关且一致的内容来吸引和留住明确的受众，并最终驱动这些受众采取有利于公司的购买行为。内容营销的原理在于，当你提供对你的受众有价值的内容时，他们更可能对你的品牌产生好感，并最终成为你的客户。

内容营销强调建立长期的关系，而不是短期的销售。它的目标是通过提供有价值的内容，使受众看到公司不仅仅是在卖产品，还关心他们的需求和疑问，进而建立信任和忠诚度。

（二）内容营销的实践手段

内容营销的手段多样，具体的选择应根据企业的目标、受众和资源来决定。以下是一些常见的内容营销手段：

博客：博客是最常见的内容营销形式，可以用来分享教育性内容，回答常见问题，或分享行业见解。

视频：随着互联网速度的提升和视频内容消费的增加，视频成为了一个重要的内容营销工具。它可以是教育性的、娱乐性的或故事性的。

电子书和白皮书：这些是更深入、更具权威性的内容形式，通常用于在行业内建立思想领导地位。

信息图和数据可视化：这些是将复杂的信息和数据以易于理解的方式展现出来，有助于受众对内容的理解和记忆。

社交媒体内容：社交媒体是分享和推广内容的重要平台。这里的内容可以是短文、图片、视频，或者是引导到其他内容的链接。

邮件内容：电子邮件可以用来分享新的博客文章、新闻、促销信息等，也可以用来发送定制化的内容，如个性化的产品推荐。

网络研讨会和线上课程：这些是在线教育内容，可以帮助受众学习新的技能或知识，同时增加他们对品牌的认知。

这些内容营销的手段可以单独使用，也可以组合使用，以达到最大的效果。重要的是，内容需要对受众有价值，与品牌相关，且一致。

三、数字营销传播与内容营销的关联

（一）内容在数字营销传播中的作用

内容是数字营销传播的核心，无论是电子邮件、社交媒体、移动营销或 SEO 等，都离不开高质量的内容。内容能够帮助企业建立品牌形象，提升品牌认知度，同时能够吸引并留住受众，建立并维护与消费者的关系。

良好的内容可以提高网站在搜索引擎中的排名，增加网站流量，也可以引发社交媒体上的分享和讨论，扩大品牌的影响力。同时，针对性的内容可以帮助企业更准确地触达目标受众，提升转化率。

（二）内容营销如何优化数字营销传播

内容营销可以为数字营销传播提供有价值、相关、吸引人的内容，从而提高营销的效果。例如，优质的博客文章可以提高网站在搜索引擎中的排名，吸引更多的访问者；教育性的视频可以增加消费者对产品的理解和信任，提高转化率；有趣的社交媒体内容可以引发分享和讨论，扩大品牌的影响力。

此外，内容营销也可以帮助企业更好地理解其受众，以便创建更符合其需求和兴趣的内容，从而提高营销的效果。

（三）数字营销传播如何提高内容营销效果

数字营销传播提供了多种渠道和工具，可以帮助企业更有效地分发其内容，触达更广泛的受众。例如，搜索引擎优化可以帮助企业的内容更容易被找到，社交媒体可以帮助企业的内容被更多的人分享和讨论，电子邮件可以帮助企业将其内容直接送达到消费者的邮箱。

此外，数字营销传播中的数据分析可以帮助企业了解其内容的表现，如阅读量、分享数、转化率等，以便进行优化和改进。同时，通过用户行为数据，企业可以更深入地了解其受众，以便创建更符合其需求和兴趣的内容，提高内容营销的效果。

四、内容营销的主要策略和方法

（一）博客和文章写作

确定主题和目标：在写作之前，首先需要确定文章的主题和目标。主题应与品牌和产品相关，且对受众有价值；目标可能是提升品牌知名度、引导受众访问网站、提高转化率等。

了解受众：理解你的目标受众是什么样的人，他们的需求和兴趣是什么，这样才能写出他们感兴趣的内容。

创作高质量的内容：内容应该是有价值、有深度且独特的，这样才能吸引受众的注意并留住他们。同时，内容的风格和语言应与品牌一致。

优化搜索引擎排名：使用关键词和搜索引擎优化（SEO）技术，可以提高文章在搜索引擎中的排名，从而吸引更多的流量。

制定发布和推广计划：确定何时发布文章，以及如何通过电子邮件、社交媒体等渠道推广文章，以确保其能够被尽可能多的人看到。

分析和优化：使用数据分析工具来了解文章的表现，如阅读量、分享数、转化率等，以便进行优化和改进。

（二）视频营销和影片制作

确立策略：根据品牌目标和受众特征，明确视频营销的方向，包括但不限于教育、娱乐、故事叙述等形式。

视频内容的创作与策划：依据确定的策略，计划具体的视频内容，如产品演示、讲解、用户故事等。同时，也需要考虑视频的时长、格式和风格等，确保它们与品牌形象和目标受众的期待相匹配。

高品质制作：在数字营销中，高品质制作是非常重要的因素，尤其是在视频内容方面。确保视频的清晰度和流畅度，选择合适的分辨率和比特率，以提供良好的观看体验。使用高质量的摄像设备和专业的后期制作工具，以获得清晰、高清晰度的视频画面。注重视频的构图、色彩、光线和视觉效果等方面，以吸引观众的注意力。运用创意的拍摄角度、图形和动画效果，增强视频的视觉吸引力和专业感。确保视频的音频质量清晰、准确，并与视频内容相匹配。使用高质量的麦克风和音频设备，消除噪声和杂音，确保音频的清晰度和高保真度。运用剪辑技巧和后期制作工具，对视频进行修剪、剪辑、特效和转场等处理，以提升视频的质量和吸引力。确保视频的流畅度和连贯性，并注意节奏和节奏感。

发布与推广：选择适合的发布平台，比如抖音、快手、微信公众号或微博等，并适时在其他社交媒体渠道进行推广。制定好发布和推广的时间表以确保最大化观看率。

SEO 优化：使用搜索引擎优化策略提升视频在搜索结果中的排名。在视频标题、描述和字幕等方面适当使用关键词。

鼓励观众互动：通过呼吁观众点赞、评论、分享等方式，提升视频的用户参与度，并利用这些互动来进一步传播品牌信息。

数据跟踪和优化：使用各种分析工具跟踪视频的表现，包括观看次数、观看时长、用户互动等数据，根据反馈进行必要的调整和优化。

（三）社交媒体内容营销

社交媒体内容营销侧重于确定具体的营销目标和策略，选择最适合的社交媒体平台，并创作与发布相关的内容。内容形式多样，包括但不限于文本、图片、视频和链接等。关键在于内容必须吸引人，与品牌和产品紧密相关，并提供价值。此外，社交媒体营销不仅仅关乎内容发布，更重要的是建立与用户的互动和参与，进而增加用户参与度和提升品牌形象。利用各种社交媒体工具和服务可以进一步优化营销策略，提高内容的可见度和分享性。

（四）内容合作和赞助

内容合作和赞助为企业提供了一种通过联合其他机构或个人来提升自身品牌知名度和影响力的有效途径。

内容合作主要涉及与其他企业或意见领袖等进行协作，通过共享和互换内容来扩大各自的观众基础。比如，可以邀请行业专家进行客座博客的撰写，或者与相关公司共同举办网络研讨会，以此吸引更多的受众。此外，共享研究和数据也是一种常见的合作形式，它不仅可以为内容增添权威性，还可以帮助两个合作方共享各自的观众。

赞助内容则是对他人的内容创作进行资助，以换取品牌曝光和声誉。这类内容可能包括博客、播客、视频等多种形式。赞助的内容可以在相应的平台上展示企业的品牌和产品，从而扩大其触达范围。

总的来说，内容合作和赞助既可以扩大品牌的影响力和触达范围，也可以增强内容的权威性和可信度，为企业带来更多的潜在客户。

（五）用户生成内容的整合

用户生成内容（UGC）是由消费者或最终用户生成的，包括各类评论、分享、帖子、博客、照片、视频等，它为企业提供了一种重要的、真实反映用户观点和体验的信息源。

整合用户生成内容是内容营销的一种策略，可以有效提升品牌的可信度和社区参与度。企业可以鼓励用户分享他们的体验，如使用产品的感受、服务体验等，并将这些内容分享到各类社交媒体和官方网站，这样可以提供第三方观点，增强其他消费者的信任感。

同时，UGC 还可以成为企业获取灵感和改进产品或服务的重要渠道。例如，用户的评论和反馈可以帮助企业了解他们的需求和期望，进一步优化产品或服务。

因此，通过整合用户生成的内容，企业不仅可以提升自身的品牌形象和信誉，同时也能提升产品或服务的质量，提高用户满意度。

五、未来趋势与预测

（一）数字营销传播与内容营销的未来趋势

进入数字化时代，技术的发展对数字营销传播与内容营销产生了深远影响。随着人工智能和大数据技术的发展和普及，营销行为也日益智能化、数据化。人工智能可以提升内容营销的精准度和效率，比如通过 AI 来自动生成或优化内容，通过机器学习来预测和理解用户的行为和需求，从而使营销活动更加精准、个性化。大数据技术的应用则使企业能够从海量的用户行为数据中获取深入的洞察，通过数据驱动的方式来优化营销策略，实现营销效果的最大化。

同时，随着移动设备的普及和互联网技术的快速发展，用户的行为和消费习惯也在发生深刻的变化。移动优先已经成为一种明显的趋势，大多数消费者更倾向于在移动设备上获取信息和消费，这就要求企业在进行数字营销和内容营销时，必须优先考虑移动用户的体验，从而实现真正的移动优先。

此外，随着用户对隐私保护意识的提高，以及增强现实和虚拟现实等新技术的应用，数字营销传播与内容营销也将面临新的挑战和机遇。例如，企业需要在追求个性化营销的同时，充分尊重用户的隐私权，寻找恰当的平衡点；增强现实和虚拟现实等新技术为内容创新提供了新的可能，如何有效利用这些技术进行内容营销，也将是企业需要面临的新问题。

（二）未来趋势下，如何更有效地实施数字营销传播与内容营销

在未来趋势的指引下，数字营销传播与内容营销需要继续演进和优化。首先，更加注重数据驱动的营销策略是提高效率和效果的关键。数据能提供更深入的消费者洞察，帮助企业更精准地定位目标群体，更有效地设计和执行营销策略。此外，运用人工智能来优化内容创作和推广，也将成为趋势。比如，AI 可以自动创建符合用户需求和口味的内容，也可以帮助优化内容分发，使其能够在正确的时间、正确的地点、对正确的人进行推送，从而提升营销的精准度和效率。

其次，注重用户体验和隐私保护也将越来越重要。消费者对于个性化体验的需求与日俱增，企业需要在提供个性化内容和服务的同时，保护用户的隐私。这需要企业在追求营销效果的同时，充分尊重和保护用户的隐私权。

最后，未来的数字营销和内容营销也将更加注重创新和试错。随着技术的发展和消费者习惯的变化，未来的营销环境将充满更多的不确定性。因此，企业需要保持对新技术、新方法的探索和尝试，同时也要勇于接受失败，不断从实践中学习和进步。

第二节　电子邮件营销与自动化营销

随着技术的发展，自动化营销悄然兴起，且已成为现代数字营销不可忽视的一部分。它通过实现营销活动的自动执行，能大大提高营销的效率和效果。电子邮件营销与自动化营销是如何融合，互相促进的？它们的发展趋势又是怎样的？为了解答这些问题，本文将对电子邮件营销与自动化营销的理论和实践进行探讨。

一、电子邮件营销概述

（一）电子邮件营销的定义

电子邮件营销是一种通过使用电子邮件作为直接营销的工具，将商业或筹款消息传送到一组人的方法。这种方式不仅可以帮助企业与客户保持联系，提高品牌知名度，还可以直接促进销售和客户忠诚度。电子邮件营销在整个数字营销领域中占有重要的地位，主要因为它的成本效益比较高，能够提供具有针对性的消息，并且可以量化其效果。

（二）电子邮件营销的特点

在移动互联网技术飞速发展的今天，作为较为传统的一种网络营销方式——电子邮件营销会被淘汰吗？

虽然社交媒体和移动应用等新兴的数字营销方式日益受到重视，但电子邮件营销并没有过时，也不太可能会被淘汰，究其原因，都归功于电子邮件营销的特点：

1. 高达性和开放率

电子邮件是网络用户最基础和普遍的通信方式之一，几乎每个互联网用户都有电子邮件账户。因此，电子邮件营销具有非常广阔的潜在受众。

2. 高度的个性化

电子邮件可以针对每个用户的特点和需求进行个性化定制和发送，比如基于用户的购买历史、浏览行为等来发送相关的产品推荐、优惠信息等。

3. 优秀的 ROI

根据多项研究，电子邮件营销通常能够带来优秀的投资回报率（ROI）。它既可以用于吸引新客户，也可以用于维系与现有客户的关系，提高他们的忠诚度和再购买率。

4. 适合多种营销目标

电子邮件营销不仅可以用于销售推广，也可以用于内容营销、品牌建设、用户关系管理等多种营销目标。

因此，尽管电子邮件营销面临着来自社交媒体、移动应用等新兴营销方式的挑战，但由于其独特的优势和广泛的应用，它仍然是数字营销中的重要组成部分，并且在可预见的将来，不太可能被淘汰。

（三）电子邮件营销的基本原理和策略

1. 目标受众分析

在进行电子邮件营销前，第一步是要对目标受众进行详细分析，包括他们的兴趣、行为、购买力、地理位置等。深入理解受众的需求和行为，可以更好地定制邮件内容，提高邮件的打开率和点击率。

2. 邮件创作

在电子邮件营销中，内容是王道。邮件的内容需要根据目标受众的需求和兴趣来制定，并尽量保持简洁、吸引人。除了文本，邮件中还可以包含图片、视频、链接等元素，增加邮件的吸引力。此外，邮件的标题也很关键，需要吸引人并准确传达邮件的主要内容。

3. 发送策略

成功的电子邮件营销不仅需要有吸引人的内容，还需要有合适的发送策略。这包括确定最佳的发送时间、发送频率、邮件的分组发送等。比如，一些研究发现，周二和周四的早晨是电子邮件打开率最高的时间。而对于发送频率，需要根据受众的接受程度和邮件的内容来确定。过于频繁的邮件可能会导致用户的反感，而发送得太少又可能会失去用户的注意。分组发送则是根据用户的特征和行为，将他们分成不同的组，发送不同的邮件，以实现更高的个性化和有效性。

二、自动化营销的基本原理

（一）自动化营销

自动化营销，顾名思义，是指通过利用特定的软件或技术来自动化一系列的营销过程和任务。这可能包括电子邮件营销、社交媒体发布、客户关系管理等多种营销策略的自动化。这样的技术可以帮助企业更有效地管理营销活动，提高营销效果，同时节省大量人力和时间。

自动化营销可以帮助企业自动化执行一系列营销任务，如发送电子邮件、发布社交媒体信息、管理客户关系等。这不仅可以大大减少人力需求，提高工作效率，也能确保在正确的时间向正确的人发送正确的信息。

通过自动化技术，企业可以根据客户的行为和需求提供个性化的服务和信息，如根据客户的购买历史发送相关产品的推荐信息，或者在客户生日当天发送祝福信息。这种个性化的服务和信息可以大大提升客户的满意度和忠诚度。

同时，自动化营销可以收集和分析大量的数据，如电子邮件的打开率、点击率，社交媒体的点赞、分享数量，客户的购买历史等。这些数据可以帮助企业了解营销活动的效果，进一步优化营销策略，实现更高的回报率。

因此，自动化营销已成为现代企业进行数字营销的必备工具，对于提高企业的营销效果和竞争力具有重要的作用。

（二）自动化营销的分类

自动化营销可以根据不同的分类标准进行分类。

1. 按营销渠道分类：

邮件营销自动化：通过自动发送预设的邮件，实现自动化的邮件营销活动，如欢迎邮件、购物车提醒、定期推送等。

短信营销自动化：利用短信平台发送自动化的短信，如订单确认通知、促销短信等。

社交媒体营销自动化：利用社交媒体管理工具，自动发布、计划和跟踪社交媒体帖子，管理粉丝互动等。

广告营销自动化：通过广告投放平台和工具，自动化管理广告投放、优化广告策略和预算，如搜索引擎广告、社交媒体广告等。

2.按营销活动分类：

周期性自动化营销：基于预设的触发条件和时间间隔，自动触发营销活动，如定期的新闻订阅、节日促销等。

行为触发自动化营销：基于用户的行为和互动，触发相应的营销活动，如购物车放弃提醒、浏览后的推荐产品等。

生命周期自动化营销：根据用户在购买过程中的不同阶段，自动触发相应的营销活动，如欢迎邮件、交易后的客户满意度调查等。

3.按营销工具分类：

营销自动化平台：集成多种自动化营销功能，如电子邮件、短信、社交媒体等，提供综合的自动化营销解决方案。

客户关系管理（CRM）系统：整合客户数据和互动记录，实现自动化的客户管理和营销活动，如客户分段、跟进提醒等。

营销自动化工具：专门用于实现某一类或多类自动化营销功能的工具，如邮件自动化工具、社交媒体自动化工具等。

三、电子邮件营销和自动化营销的关联性

电子邮件营销和自动化营销是紧密相连的两个概念。自动化营销技术可以被应用于电子邮件营销中，帮助企业自动化创建、发送和跟踪电子邮件活动。

电子邮件营销与自动化营销的结合开启了一种全新的营销方式，使得营销行为更具有针对性和实时性。以下是这种关联性的几个关键点：

触发邮件：自动化营销允许营销团队设定特定的触发事件，比如当用户订阅新闻通讯，购买商品，或者浏览特定网页时，可以自动触发一封电子邮件的发送。这种邮件通常被称为"触发邮件"，它能够及时响应用户的行为，提供他们所需要的信息或者服务。

客户分段：通过分析收集的数据，自动化营销能够将用户分成不同的段，根据他们的行为、需求和偏好发送不同的电子邮件。这种个性化的营销策略可以提高邮件的打开率和点击率，提升用户体验，从而达到更好的营销效果。

效果跟踪和优化：自动化工具可以跟踪电子邮件的发送效果，如打开率、点击率、转化率等，通过分析这些数据，营销团队可以了解哪种邮件内容、发送时间和频率等因素更能吸引用户，进一步优化邮件营销策略。

自动响应：在某些情况下，例如客户提交了查询或反馈，自动化营销可以设置自动回复电子邮件，以提供即时的响应，增强客户服务和满意度。

总的来说，电子邮件营销和自动化营销的结合，不仅能提高营销效率，也能实现更精细化、个性化的营销，进一步提升企业的营销效果和客户满意度。

四、电子邮件营销自动化策略

（一）电子邮件营销自动化的好处

电子邮件营销自动化能带来显著的益处，特别是当它被正确设置和执行时。以下是电子邮件自动化营销的一些核心好处：

时间效益：一旦自动化流程设置完毕，它将自动运行，这意味着可以在睡觉、度假或进行其他工作的时候，营销活动依然在进行。这种 24/7 的营销方式显著提高了效率，节省了大量时间。

节约成本：自动化意味着减少了大量手动工作，从而降低了人力成本。此外，自动化工具通常以订阅形式提供，相比雇佣专门的营销团队，成本更为亲民。

提升用户体验：通过对用户行为的跟踪和分析，自动化工具可以实现高度个性化的营销，例如发送欢迎邮件、购物车提醒、生日祝福等，这将极大地提升用户体验，增强用户的黏性。

提高投资回报率：根据统计，自动化邮件的点击率和转化率都显著高于普通邮件，这意味着使用自动化工具能带来更高的投资回报。

实时数据分析：自动化工具可以提供实时的数据报告，包括打开率、点击率、退订率等，这有助于及时调整营销策略，提升营销效果。

（二）电子邮件营销自动化的策略

1. 自动化工具的选型与使用

选择和使用电子邮件营销的自动化工具是实施自动化策略的第一步。这将直接影响营销活动的执行效率和效果。以下是在选型和使用过程中需要考虑的几个关键因素：

功能性：自动化工具必须具有强大的功能性，能够满足电子邮件营销的各种需求。这可能包括创建和编辑邮件模板、设定发送规则和触发条件、收集和分析邮件数据等。

易用性：工具的易用性也很重要。一个好的自动化工具应该具有直观的用户界面，使得营销团队可以快速上手，简化操作过程。

可扩展性：随着业务的发展，营销需求可能会发生变化。因此，选择一个具有良好可扩展性的工具至关重要。这样，在未来需要增加新的功能或扩大营销范围时，无需更换工具，只需进行相应的升级或配置。

客户支持：良好的客户支持可以在遇到问题时提供及时的帮助。因此，选择提供优质客户支持的工具是很重要的。

使用自动化工具时，首先要设定邮件营销的目标和策略，明确想要实现的效果，如提高打开率、点击率、转化率等。然后，根据这些目标和策略设定相应的规则和条件，如触发邮件的发送，分段用户，优化邮件内容等。在发送邮件后，要利用工具收集和分析邮件数据，如打开率、点击率、转化率等，根据这些数据调整和优化邮件营销策略，实现更好的效果。

目前有很多电子邮件自动化工具可供企业选择，简要介绍几种。

Outreach：Outreach 是一款强大的销售协作平台，它提供了电子邮件营销、电话拨打、社交媒体营销等多种功能。其电子邮件营销部分提供了自动化功能，能够帮助企业实现高效、个性化的电子邮件营销。

MailerLite：MailerLite 是一个用户友好的电子邮件营销工具，它提供了一系列功能，如电子邮件编辑器、邮件自动化、触发邮件、报告分析等，可以帮助企业轻松执行电子邮件营销策略。

Mailchimp：Mailchimp 是全球知名的电子邮件营销自动化工具，其强大的自动化功能可以帮助企业创建、发送和跟踪电子邮件活动。Mailchimp 提供了许多模板和集成选项，可以与许多其他工具和服务（如 WordPress、Shopify 等）无缝集成。

SendCloud 赛邮云：SendCloud 赛邮云是中国市场上常用的一款电子邮件营销自动化工具，其提供全面的邮件营销解决方案，包括触发邮件、邮件追踪、数据分析等，适合中国市场的特点，深受中国用户的喜爱。

这些工具各有其特点和优势，企业可以根据自身需求进行选择。

2. 触发事件的设计与设置

触发事件的设计与设置在电子邮件自动化营销中扮演着重要的角色。它们是指在用户进行某些行为或满足某些条件时自动触发特定邮件发送的规则。以下是一些常见的触发事件类型：

注册欢迎邮件：当用户新注册一个账号或订阅服务时，自动发送一封欢迎邮件，让用户感到被重视，同时引导他们进一步了解和使用产品或服务。

购物车提醒邮件：当用户将商品添加到购物车但未完成购买时，系统可以自动发送一封邮件提醒他们完成购买。

生日 / 纪念日邮件：系统可以在用户的生日或注册的纪念日自动发送祝福邮件，提升用户的忠诚度和满意度。

浏览历史邮件：根据用户的浏览历史，发送相关商品或内容的推荐邮件。

反馈和调查邮件：在用户购买产品或使用服务后一段时间，发送邮件询问他们的使用体验和反馈意见。

设置触发事件时，应确保邮件的内容与触发条件紧密相关，并且能在正确的时间发送给正确的用户。这样不仅可以提高邮件的打开率和点击率，还可以增加用户的参与度和转化率。

3. 数据收集与分析

在电子邮件自动化营销中，数据收集与分析可以帮助企业了解用户的行为和偏好，优化营销策略，提高营销效果。以下是在电子邮件自动化营销中，通常需要收集和分析的数据：

用户基本信息：包括姓名、性别、年龄、地理位置等。这些信息可以帮助企业进行用户细分，并根据不同用户群体的特点发送个性化的邮件。

用户行为数据：包括用户在网站或应用中的浏览历史、购买历史、点击行为等。这些数据可以帮助企业了解用户的兴趣和需求，优化产品或内容推荐。

邮件营销数据：包括邮件的打开率、点击率、转化率、退订率等。这些数据可以帮助企业评估邮件营销的效果，及时调整营销策略。

用户反馈：包括用户对邮件内容、产品或服务的评价和建议。这些反馈可以帮助企业了解用户的满意度，改进产品或服务。

第三节　微博营销与社交媒体传播策略

微博（Weibo）是中国最大的社交媒体平台之一，自2009年由新浪公司推出以来，已发展成为中国互联网生态的重要组成部分。微博以其实时性、开放性和互动性，成为了用户获取信息、发表观点和社交互动的主要平台。更值得一提的是，微博已经成为品牌和企业进行网络营销的重要渠道，帮助它们与亿万网民实现直接且有效的联系。

一、微博营销的现状和重要性

（一）当前微博在中国社交媒体中的地位

微博是中国最早兴起的社交媒体平台之一，其发展历程与中国社交媒体的发展密切相关。下面将对微博的发展史及当前微博在中国社交媒体中的地位进行阐述。

2009年，新浪微博作为中国首个大规模微博平台正式推出。它为用户提供了一种实时发布短消息和分享内容的方式，迅速获得了用户的关注。此阶段，微博以其开放性、快速性和互动性成为社交媒体领域的先驱。

此后的几年中，微博进入高速发展阶段，在这一时期，微博迅速扩大了用户规模，并吸引了大量的名人、媒体和品牌入驻。用户通过微博分享生活动态、跟踪明星动态、参与话题讨论等，使微博成为中国网络舆论场的重要平台。

及至2013年，新浪微博达到了用户数量和影响力的巅峰。微博上涌现了大量的KOL（关键意见领袖）和微博红人，他们通过微博获得了广泛的关注和影响力。微博成为了各行各业传播信息、推广品牌的重要渠道。

随着移动互联网的普及和其他社交媒体平台的崛起，微博面临了竞争的挑战。在这一时期，微博逐渐调整了战略定位，强化了内容创作和精准营销服务，同时加强了与名人、机构和品牌的合作，进一步巩固了其在中国社交媒体市场的地位。

通过微博的发展史，我们不难看出其在中国社交媒体中的地位：

1.大规模用户基础

微博拥有庞大的用户数量，用户遍布各个年龄段和社会群体。尤其是在一些重大事件、热门话题和娱乐圈动态等方面，微博仍然是用户获取信息和表达观点的重要平台。

2.影响力和话题引领

微博依然是中国社交媒体中的舆论引导者之一。重要事件和话题在微博上往往会引发广泛的讨论和传播，一些微博用户的言论和观点也会在社会中产生影响力。

3.KOL和品牌合作

微博上涌现了大量的知名KOL和网红，他们拥有广泛的粉丝基础和影响力，成为品牌合作和推广的重要对象。品牌可以通过与微博上的KOL合作，达到品牌推广、产品推荐和传播的目的。

4.广告和商业化

微博通过广告投放和商业合作实现商业化运营。品牌可以在微博上进行定向广告投放，利用平台的用户数据和用户画像进行精准定位，提高广告的效果和转化率。

尽管各种社交媒体层出不穷，微博在中国社交媒体市场面临竞争，但其仍然具有重要的地位和影响力。微博通过持续的创新和战略调整，致力于提供丰富的内容、互动和商业机会，为用户和品牌创造了价值，成为中国社交媒体中不可忽视的一部分。

（二）微博用户的特性和行为模式

微博用户具有一些特定的特性和行为模式，这些特性和模式对于理解他们在平台上的行为和互动方式非常重要。以下是微博用户的一些典型特性和行为模式：

1.多样性和广泛性

微博用户是来自不同年龄、性别、地区和职业的群体。他们涵盖了各个社会群体和兴趣领域，形成了一个多元化和广泛的用户群体。

2.好奇心和求知欲

微博用户通常对新鲜事物和热门话题保持着浓厚的兴趣。他们渴望获取最新的信息和趋势，经常浏览和搜索与自己兴趣相关的内容。

3.社交和互动性

微博是社交媒体平台，用户在平台上积极参与社交互动。他们会关注其他用户，与他们互动、评论和转发他们的内容。微博用户喜欢与他人分享观点、经验和感受，通过互动来表达自己的声音和情感。

4.用户生成内容的活跃性

微博用户倾向于主动创作和分享内容，包括文字、图片、视频等形式。他们乐于在微博上表达自己的观点、分享生活点滴和经验，以及参与各种话题讨论和挑战活动。

5.兴趣和话题导向

微博用户会关注和参与与自己兴趣相关的话题和内容。他们会关注特定的明星、品牌、新闻、娱乐圈动态等，并积极参与相关的讨论和互动。

6.强烈的反馈和参与意愿

微博用户通常对品牌、媒体和名人等有一定的关注度，并乐于给予他们反馈和意见。他们会通过评论、点赞、转发等形式与品牌和名人互动，参与品牌活动和讨论。

7.实时性和即时互动

微博的特点之一是实时性，用户可以及时获取和分享最新的信息和事件。微博用户倾向于即时互动，及时回复和参与热门话题的讨论。

了解微博用户的特性和行为模式有助于品牌和营销者更好地理解他们的目标受众，从而开展更有针对性和有效性的营销活动。通过了解用户的兴趣、互动方式和偏好，品牌可以更好地定位和塑造自己的内容，与用户建立更紧密的关系，提升品牌在微博上的影响力和用户参与度。

二、微博的社交媒体传播策略

（一）微博的内容传播策略

第一，创新且高质量的内容制作。高质量的内容是吸引用户关注和传播的关键。微博上的内容不仅需要信息量丰富，也需要有创新性和趣味性，才能在大量的信息中脱颖而出。对于品牌而言，如何在保证信息有效传递的同时，让内容更具吸引力，是其必须要考虑的问题。

第二，利用热点事件进行话题营销。微博上的用户热衷于参与热点事件的讨论。品牌可以利用这一特性，结合热点事件进行话题营销，增加内容的传播机会。如何巧妙地将品牌信息融入热点话题中，是品牌在微博进行内容传播时需要掌握的策略。

第三，运用多元化的内容形式。微博支持文字、图片、视频等多种内容形式。品牌在发布内容时，可以根据信息特性和用户偏好选择适合的形式，使得信息传递更加生动和有效。

第四，利用大 V 和意见领袖进行传播。在微博上，有一部分影响力较大的用户，他们的发声能引发大规模的关注和讨论。品牌可以与这些大 V 和意见领袖进行合作，通过他们进行内容的传播，扩大传播范围和影响力。

第五，建立互动关系，鼓励用户转发和分享。微博上的用户喜欢互动交流，品牌可以通过发布可互动的内容，如提问、投票、挑战等，鼓励用户参与到内容的传播中。同时，品牌也可以通过设定一些奖励机制，如转发抽奖、分享优惠等，鼓励用户转发和分享内容，提高传播效果。

（二）微博的口碑和社区传播策略

微博的口碑和社区传播策略在许多方面交织在一起，形成了一个强大的、使信息能够有效传播的网络。

首先，微博上的用户是非常活跃的，他们喜欢分享自己的观点和感受，参与各种讨论。对品牌而言，这为口碑的生成提供了极好的机会。品牌可以通过发布吸引人的内容，引发用户的兴趣，进而引导他们发表评论、分享感受。这不仅能让品牌接收到用户的真实反馈，也能通过用户之间的交流，形成正面的口碑，扩大品牌的影响力。

而在这个过程中，微博的社区特性发挥了重要作用。在微博上，用户社区通常是围绕一个共同的主题或话题形成的。这个话题可能是一个新闻事件、热门电视剧、流行的明星、特定的品牌或产品等。用户通过参与到这个话题的讨论中，分享自己的观点和感受，形成了社区。

微博的话题功能使得用户可以很容易地找到和自己兴趣相符的内容和社区。在一个话题下，用户可以看到所有关于这个话题的微博，这为用户提供了极大的便利，使得他们可以方便地参与到讨论中，和其他用户进行交流。

对于品牌而言，微博的话题功能提供了一个极好的营销机会。品牌可以通过创建和管理自己的话题，聚集对品牌感兴趣的用户，构建自己的社区。通过发布吸引人的内容，引发用户的讨论，品牌可以有效地传播自己的信息，形成良好的口碑。同时，品牌还可以通过话题收集用户的反馈，了解用户的需求和期望，进一步提升品牌的服务和产品。

微博上的大 V 和意见领袖也在口碑和社区传播中扮演了重要角色。他们的发声往往能引发大规模的关注和讨论。对于品牌来说，与这些影响力大的用户进行合作，能让信息更迅速、更广泛地传播，有力推动口碑的形成。

微博的口碑和社区传播策略就像一场精心策划的舞蹈，每个元素都在恰到好处的位置起舞。品牌的信息通过用户的分享和讨论，如同石子掉入湖面引发的涟漪，逐渐扩散开来。而这些涟漪最终汇聚成波涛汹涌的海浪，让品牌的影响力不断扩大。

（三）微博的多元化传播渠道

微博作为一种社交媒体平台，具有多样化的传播渠道，使品牌可以以多种方式与用户互动和传递信息。

首先，微博的基本功能即分享文字、图片和视频内容。这是最直接，也是最广泛使用的传播方式。品牌可以通过发布富有吸引力的文字、图片和视频内容，来吸引用户的注意力，引发他们的反馈和讨论。

其次，微博的直播功能提供了一种更为互动的传播方式。品牌可以通过直播进行产品展示、活动推广，或者邀请明星、专家进行在线互动，吸引大量用户的关注和参与。

此外，微博的话题和标签功能也是重要的传播渠道。品牌可以通过创建和参与热门话题，或者使用流行标签，来提升自己的可见度，扩大传播范围。

最后，微博的广告推广功能也是一个重要的传播渠道。品牌可以通过投放微博广告，精准定位自己的目标用户，提高传播的效率。

这些多元化的传播渠道使得微博成为了品牌进行社交媒体营销的理想平台。品牌可以根据自己的需求和目标，灵活地选择和利用这些渠道，实现有效的信息传播。

（四）微博的传播效果监测和分析

微博的传播效果监测和分析对于品牌来说非常重要，它能够帮助品牌评估自己在微博上的营销活动的效果和影响力。下面是一些常用的方法和指标，用于监测和分析微博的传播效果。

曝光量和印象数：曝光量指的是微博内容被用户看到的次数，印象数则是指微博内容在用户屏幕上出现的次数。通过监测和分析曝光量和印象数，品牌可以了解自己的内容到达了多少用户，从而评估其在微博上的影响力和覆盖范围。

点赞、转发和评论数：这些指标反映了用户对微博内容的喜爱程度和互动程度。点赞数表示用户对内容的赞同和喜爱，转发数表示用户将内容分享给其他人，评论数表示用户对内容的反馈和参与度。通过监测和分析这些指标，品牌可以了解用户对自己的内容的积极反应程度，评估内容的吸引力和用户参与度。

粉丝增长和互动率：粉丝增长指的是品牌在微博上获得的新粉丝数量，互动率则是指粉丝对品牌内容进行互动的比例。通过监测和分析粉丝增长和互动率，品牌可以了解自己在微博上的受欢迎程度和用户忠诚度，从而评估自己的品牌影响力和用户关系的建立情况。

关键词和话题分析：监测和分析在微博上与品牌相关的关键词和话题可以帮助品牌了解用户对自己的讨论和关注程度。通过关键词和话题分析，品牌可以了解用户对自己的产品、活动和品牌形象的态度和反馈，从而指导品牌在微博上的内容创作和沟通策略。

数据分析工具：利用微博提供的数据分析工具或第三方数据分析工具，品牌可以更全面地监测和分析微博的传播效果。这些工具可以提供更详细的数据报告、用户洞察和趋势分析，帮助品牌深入了解自己的目标受众和微博营销的效果。

通过对微博的传播效果进行监测和分析，品牌可以及时调整自己的营销策略，优化内容创作，提高用户参与度和品牌影响力，实现更有效的微博营销效果。

三、微博营销的挑战与应对策略

（一）微博营销面临的挑战

微博营销虽然具有许多优势和机会，但也面临一些挑战。以下是微博营销可能面临的一些挑战：

1.广告竞争激烈

随着越来越多的品牌和营销者进入微博平台，广告竞争变得激烈。这可能导致广告费用上升和广告曝光量的下降，使品牌需要更加精准地定位目标受众和创作有吸引力的内容来脱颖而出。

2.负面信息和危机公关

微博作为一个开放的社交媒体平台，用户可以自由表达观点和意见，也容易引发负面信息和危机。品牌需要及时应对负面信息和危机，进行危机公关，保护品牌声誉和形象。

3.用户注意力分散

微博上有大量的内容和用户，用户的注意力往往分散在各种话题和信息中。品牌需要制作有吸引力的内容，吸引用户的注意力，并与用户进行有效的互动，以增加品牌在用户心目中的印象和关注度。

4.消息传递的效果衰减

由于微博上信息传播的速度快，用户的阅读习惯也倾向于快速浏览和短暂关注。这意味着品牌需要在有限的时间内吸引用户，并传递清晰、简洁的信息，以增加用户对品牌的记忆和认知。

5.用户疲劳和广告过载

用户在微博上经常接收到大量的广告和推广内容，这可能导致用户产生广告疲劳和忽略品牌信息的倾向。品牌需要通过巧妙的定位和创意，打破用户的广告过滤机制，引起用户的兴趣和参与。

6.数据隐私和用户权益

在进行微博营销时，品牌需要关注用户的数据隐私和合规问题。品牌需要遵守相关法规和政策，保护用户的数据安全和隐私，同时尊重用户的权益和选择。

（二）有效的对策

为了应对这些挑战，品牌可以采取以下策略：

为了应对广告竞争激烈的挑战，品牌需要深入了解目标受众的特征和需求，并进行精准的定位。通过了解目标受众的兴趣、行为习惯和偏好，品牌可以更准确地创作内容，吸引目标用户的关注和互动。提供独特、有趣且有价值的内容是关键，品牌应通过创意和吸引力来突出自身，使广告在众多竞争者中脱颖而出，提高广告的效果和转化率。

对于负面信息和危机的处理，品牌需要建立健全的危机应对计划和团队。这包括制定详细的危机应对策略，明确责任分工，确保能够迅速回应负面信息和危机。与用户进行积极的沟通是关键，品牌应及时回应负面信息，解释情况，并采取适当的措施回应用户的关切和问题。通过积极的互动和沟通，品牌能够修复品牌形象，恢复用户的信任和支持。提供与用户兴趣相关且有价值的内容，吸引用户的关注和参与，增加品牌在用户心中的印象和关注度。

面对用户注意力分散的挑战，品牌需要提供有价值的内容，确保内容与用户的兴趣相关，并且具有一定的实用性或娱乐性。通过提供有趣、有益的内容，品牌能够吸引用户的关注和参与，增加品牌在用户心中的印象和关注度。

与用户互动和参与是重要的策略之一。品牌应积极回复用户的评论和提问，参与话题讨论，与用户建立互动。这样能够增强用户的参与感和忠诚度，使用户更加愿意关注和参与品牌的内容，提高品牌在用户中的认知度和影响力。

针对消息传递效果衰减的挑战，品牌需要注意简洁明了的信息传递。在有限的时间内，品牌应尽可能简明扼要地传达信息，并采用吸引人的图像、视频和文案，以提高信息的传达效果和记忆度。

创造引人注目的内容也是应对消息传递效果衰减的重要策略。品牌可以通过创新和吸引人的内容形式，如有趣的故事、引人入胜的视频或独特的视觉效果，来引起用户的注意力和兴趣，从而提高内容的留存和传播效果。

针对用户疲劳和广告过载的挑战，品牌需要创新广告形式。除了传统的广告方式，品牌可以尝试新颖的广告形式，如原生广告、品牌合作等，以创造与用户兴趣相关且有互动性的广告体验。此外，个性化推荐和定制化体验也是重要的策略，通过数据分析和用户画像技术，品牌可以了解用户的兴趣和偏好，并向用户推送个性化的广告推荐，减少用户对广告的疲劳感。

在处理数据隐私和用户权益时，品牌应遵守相关法规和政策。品牌需要确保用户数据的安全和隐私，合法地收集和使用用户的个人信息。此外，品牌还需要与用户建立透明和合规的沟通，明确告知用户数据的使用目的和方式，并给予用户选择和授权的权利。

通过综合运用上述策略，品牌能够更好地应对微博营销中的挑战，提升品牌的影响力、用户参与度和营销效果。品牌需要不断地创新和调整策略，与用户保持紧密的互动，以适应不断变化的社交媒体环境和用户行为。

第四节　口碑营销与用户生成内容（UGC）策略

口碑营销和用户生成内容（UGC）策略是当今数字时代中极为重要的营销手段。口碑营销侧重于通过口碑传播和客户满意度来建立品牌声誉，而用户生成内容策略则利用用户参与和互动的力量，创造出真实而有影响力的内容。这两种策略在数字社交媒体的普及下蓬勃发展，对企业和品牌来说具有巨大的优势和机遇。

一、口碑营销

（一）口碑营销的定义

口碑营销，也称为推荐营销或者传言营销，是一种通过满意的用户或者消费者，将产品或服务的信息分享给他们的朋友、家人或者同事的营销策略。这种营销形式可以是非正式的分享，比如个人之间的对话，也可以是通过社交媒体平台、评论网站、博客等线上渠道进行的更广泛的分享。

口碑营销通常会被看作是最有影响力的营销方式，因为它建立在人们对亲友和认识的人的信任上。当消费者对某个产品或服务的评价正面时，他们会向他们的社交网络推荐，这种推荐有可能引发一连串的口碑效应，扩大产品或服务的知名度，促进销售。

这种营销方式需要公司不断提供高质量的产品和优秀的客户服务，以持续获得正面的口碑。在互联网和社交媒体的今天，口碑营销的影响力已经达到了前所未有的程度，因为信息可以在瞬间传播到全世界。

（二）口碑营销的重要性和优势

1. 信任度高

当人们从他们信任的人那里得到产品或服务的推荐时，他们往往会给予更高的信任度。据统计，消费者更倾向于相信朋友和家人的推荐，而不是直接来自企业的广告。

2. 增加购买意愿

正面的口碑可以增加消费者的购买意愿。一项研究发现，来自朋友或家人的推荐可能会比其他形式的营销更能驱动购买行为。

3. 成本效益高

相对于传统的广告投放，口碑营销的成本通常更低，效果却可能更好。这是因为口碑营销依赖的是消费者自发地分享他们的好评，而不需要企业付费购买广告位。

4. 持久性

口碑营销的效果通常更为持久。一次好的购买体验可能会让消费者长时间记住并分享，形成持久的积极影响。

5. 社交媒体的扩展性

在社交媒体时代，口碑信息可以迅速传播，覆盖范围广大。一条好评可能会在短时间内被成千上万的人看到。

然而，尽管口碑营销有很多优点，但也不能忽视其可能带来的挑战。如果公司的产品或服务出现问题，负面口碑可能会迅速扩散，对品牌形象造成损害。因此，企业在利用口碑营销的同时，也需要做好产品质量和服务的保障。

（三）口碑营销的关键要素

1. 产品和服务质量

产品和服务质量是口碑营销的基础。只有当产品或服务能满足或超越消费者的期待时，他们才可能将其推荐给他人。公司应该重视产品和服务的质量，不断改进，以满足消费者的需求和期待。

2. 用户体验和满意度

除了产品和服务的质量，用户的体验和满意度也是关键的。这可能涉及购买流程的便捷性、售后服务的质量，甚至是包装和送货的质量等。如果用户的整体体验是积极的，他们更可能给出好评并推荐给他人。

3.客户关系和口碑管理

良好的客户关系可以增强消费者对品牌的忠诚度，并可能促使他们为公司做口碑营销。此外，通过适当的口碑管理，公司可以鼓励积极的反馈，同时及时处理和解决消费者的投诉，避免负面口碑的产生和传播。

4.口碑传播和传播渠道

公司应该努力创建和利用适合其产品或服务的口碑传播渠道。这可能包括社交媒体平台，消费者论坛，评价网站等。通过有效的传播渠道，好评和推荐可以迅速扩散，帮助提高品牌知名度。同时，通过监控这些渠道，公司可以及时了解和回应消费者的反馈，进一步优化产品和服务。

总的来说，口碑营销的关键要素涵盖了从产品开发，到销售，再到售后服务的整个过程。公司需要在这个过程中不断努力，才能持续获得积极的口碑，并通过口碑营销推动业务发展。

（四）口碑营销的主要策略和方法

1.品牌声誉管理

品牌声誉管理是一项全面的任务，涉及品牌在多个层面的表现。其目标是在消费者、潜在消费者和其他利益相关者中间塑造和维护一个积极的品牌形象。

一个强大的品牌声誉首先要从一致的品牌信息开始。品牌需要在各种平台（如社交媒体、网站、广告等）上保持信息的一致性。只有当品牌的信息、使命和价值观在各处都得到恰当的传达，消费者才能建立起对品牌的信任和理解。但是，一致的品牌信息只是建立良好声誉的起点。品牌还必须不断提供高质量的产品和服务来满足消费者的需求。而且，除了产品和服务的实质质量，消费者的整体体验也是影响品牌声誉的关键因素，包括购买流程、售后服务、用户界面等都应给人留下积极的印象。品牌声誉不仅仅关乎品牌与消费者之间的交互。品牌的社会责任也是一个重要的考虑因素。现代消费者期待品牌能够积极履行社会责任，包括环保、社区参与、公平贸易等。

任何品牌都可能遭遇危机，有效的危机管理是声誉管理的重要组成部分。品牌需要对可能对其声誉产生负面影响的事件做好准备，这可能包括有计划的危机管理策略，以及对负面评论或事件的迅速、专业的回应。因此，品牌声誉管理是一种长期的、持续的过程，它要求品牌在多个方面展示出一致性、质量、体验、社会责任感和危机应对能力，以建立并保持其在公众眼中的良好形象。

2.用户评价和口碑推广

用户评价和口碑推广是一对紧密相连的概念。用户评价可以为口碑推广提供基础，而口碑推广则有助于将用户的积极评价扩大化，产生更大的影响。

用户评价是消费者对产品或服务体验的反馈，这些反馈可能包括产品质量、服务水平、用户体验等各个方面。这些评价对于消费者和企业都极为重要。对于消费者来说，它们可以作为购买决策的重要参考。而对于企业，用户评价则可以提供关于产品或服务的改进意见，帮助企业更好地满足用户需求。

口碑推广则是一种基于用户评价的营销策略。当用户对产品或服务的评价积极时，他们可能会将自己的经验分享给他人，比如朋友、家人或社交媒体上的粉丝。这样的分享就是口碑推广的一部分。口碑推广的力量在于人们对来自他人的推荐的高度信任。比起直接的广告，人们更可能相信来自他们信任的人的推荐。

因此，用户评价和口碑推广有着直接的联系。企业应该重视用户的评价，并努力提供出色的产品和服务以获得积极的反馈。同时，通过鼓励用户分享他们的体验，企业可以有效地进行口碑推广，提高品牌知名度，增强品牌影响力。

3. 社交媒体监测和管理

由于社交媒体的普遍性和影响力，管理和优化在这些平台上的表现对于品牌形象和业务发展至关重要。

社交媒体监测是指追踪、分析和报告关于品牌、产品或服务在社交媒体上的讨论和表现。这种监测的目的在于理解消费者的感受和观点，获取有价值的市场洞察，及时发现和处理问题，以及衡量营销活动的效果。这种监测可以通过各种手段进行，例如使用专门的社交媒体监测工具来自动追踪特定的关键词或主题，或者定期手动查看关于品牌的社交媒体帖子。无论使用哪种方法，关键是要及时捕捉和理解消费者的反馈，并据此做出相应的决策。

而社交媒体管理则是对社交媒体活动的规划、执行和优化，包括发布内容，与用户互动，以及管理社区等。好的社交媒体管理应该能够增强品牌声誉，扩大品牌影响力，建立和维护与用户的良好关系，以及驱动销售和其他业务目标。例如，企业可以发布有价值和吸引人的内容来吸引和保持关注者，定期互动与关注者来建立和深化关系，及时响应用户的问题和反馈来提高满意度，以及使用社交媒体广告和促销来推动销售。

4. 影响者关系和口碑营销活动

影响者关系和口碑营销活动是两个相互关联的策略，可以共同推动品牌的知名度和声誉。

影响者关系涉及的是与那些在特定领域或社区有影响力的人建立和维护关系。这些影响者可能是社交媒体名人、行业专家、名人或其他具有大量粉丝或观众的人。他们可以通过他们的内容和推荐影响他人的观点和行为。

品牌与影响者的合作可能包括赞助内容、提供产品或服务进行评测、共同创建内容等。这种合作的目的是让影响者成为品牌的代言人，以他们的信誉和影响力来提高品牌的知名度和可信度。

口碑营销活动则是设计和执行特定的活动，以刺激和扩大消费者对品牌、产品或服务的积极讨论。这可能包括产品试用、推荐计划、社交媒体挑战、事件营销等。这些活动的目的是让消费者自然地成为品牌的传播者，将他们的积极体验和看法分享给他们的社交网络。

影响者关系和口碑营销活动相互补充，共同推动口碑的传播。在一个成功的策略中，影响者可以为品牌带来信誉和影响力，而口碑营销活动可以为消费者提供机会和动机去分享他们的体验和观点。这两者共同工作，可以有效地提高品牌的知名度，增强品牌的声誉，推动销售和其他商业目标。

5. 客户服务和售后支持

客户服务和售后支持不仅直接影响消费者对品牌的满意度和忠诚度，而且也是建立和维护良好口碑的重要途径。

优秀的客户服务可以增加消费者的满意度，提高他们对品牌的信任，进而增加他们推荐品牌给他人的可能性。因此，品牌应该提供高效、专业和友善的客户服务，以满足甚至超越消费者的期待。同时良好的售后支持可以提高消费者的满意度，减少他们的疑虑和困扰，增加他们对品牌的忠诚度。这也可能影响他们对品牌的看法和推荐行为。

二、用户生成内容（UGC）策略

（一）用户生成内容的定义

用户生成内容（User-Generated Content，简称 UGC）是指由用户（而非传统的内容创建者，例如专业作家、记者或媒体公司）创作并分享到各种在线平台的内容。这些内容可以包括文本、图片、视频、评论、博客文章、论坛帖子、产品评价、社交媒体分享等。

UGC 的核心特征是，它来自网络用户群体，反映了他们的观点、经验、知识和创意。由于 UGC 是由真实用户创建和分享的，它往往被视为比传统媒体内容更真实、更可信的信息来源。

在数字化的世界中，UGC 已经成为网络文化的重要组成部分，并对各种行业，尤其是营销和媒体行业产生了重大影响。例如，许多品牌利用用户生成的产品评价、照片或故事进行营销活动，以提高可信度、增加参与度和推动销售。同时，UGC 也给予了用户更大的声音，使他们可以分享自己的体验、表达自己的观点，甚至影响品牌的决策。

（二）用户生成内容的关键要素

1.用户参与和互动

用户参与和互动是用户生成内容的首要因素。用户参与意味着用户对在线活动的积极投入，包括创建内容、发表评论、参与在线讨论等。用户之间的互动则进一步加强了社区的凝聚力和活跃度，鼓励更多的用户参与到内容的创作和分享中来。微信朋友圈，微博，抖音等社交平台就是用户参与和互动的典型场所。在这些平台上，用户可以发表状态、分享照片或视频、评论他人的内容，从而形成互动和讨论。

2.内容创作和分享平台

内容创作和分享平台提供了用户生成内容的环境和工具。这些平台通常具有易用的界面和功能，让用户可以轻松地创建和分享内容，同时也提供了让用户可以找到和互动的社区。例如，知乎是一个中国的知识分享社区，用户可以在上面提问、回答问题、分享知识和经验。其用户友好的设计和强大的社区功能吸引了大量的用户参与。

3.内容品质和可信度

内容品质和可信度是用户生成内容能够得到关注和传播的关键。高品质的内容可以提供有价值的信息或娱乐体验，而来自真实用户的内容通常被视为更可信的信息来源。淘宝网的买家评论就是用户生成内容的典型例子。买家可以在购买商品后发表自己的评价，分享自己的购物体验。这些评价的品质和可信度直接影响其他用户的购买决策。

（三）用户生成内容的主要策略和方法

1.评价和评论

当消费者在逛淘宝网，选择一款新品手机时，他们往往会阅读那些已经购买并使用过的用户的评价和评论。那些声音和体验，无形中影响着消费者的决策，这就是用户评价和评论的力量。用户评价和评论是用户生成内容的最常见形式。通过购物网站上的产品评价、社交媒体上的品牌评论，用户可以分享他们的购物体验和对品牌的观点。

2. 用户故事和案例分享

用户通过分享他们使用产品或服务的故事和案例，为品牌提供了一种强有力的营销工具。想象一下，某一天你在浏览微博，突然看到一条滴滴打车分享的出行故事，一个单身母亲在临盆之夜成功乘坐滴滴到达医院，顺利生下宝宝。这样的用户故事和案例分享让你对滴滴的形象有了更深的理解，也许下次出行，你会首选滴滴。

3. 用户参与的社交媒体活动

社交媒体是品牌与用户互动的重要平台，品牌可以在上面举办各种活动，让用户参与进来。比如，麦当劳曾在微博上举办过"我和麦当劳的故事"的活动，让用户分享他们与麦当劳的点点滴滴，用户们分享自己与麦当劳的趣事、回忆，每个故事都如同一个小广告，微妙地影响着观众的品牌认知。

4. 用户生成的视频和照片分享

再看看抖音、快手等短视频平台，用户生成的视频和照片分享无疑是最具吸引力的内容。例如探店博主分享他们在网红餐厅的用餐体验，视频中他们享受美食的样子让人忍不住也想试一试，乐趣十足的视频很快在社交平台上热传，从而给餐厅带来了巨大的曝光度。

5. 用户生成内容的整合和推广

对于品牌来说，将用户生成内容整合到自己的官方渠道是一个很好的策略。例如，小米经常在其官方社区中展示和推广用户的评价、建议和作品，展现了一种"粉丝文化"，也增强了用户的归属感。

总的来说，用户生成内容不仅帮助品牌建立和维护与用户之间的关系，同时也让品牌能更好地了解用户的需求和期望，以实现更有效的市场推广和销售。

第七章　网络营销的客户关系管理策略

第一节　客户关系管理的重要性与原理

在当今竞争激烈的电子商务领域，企业要想保持持续的增长和成功，建立和维护良好的客户关系至关重要。随着市场的发展和消费者行为的变化，传统的销售和营销方法已经不再足够。企业需要更加关注客户的需求、喜好和体验，以提供个性化的产品和服务，赢得客户的忠诚和口碑传播。客户关系管理不仅仅是一种业务策略，它更是一种综合性的管理理念，旨在通过建立紧密联系和持续互动的客户关系，实现企业的业务增长和客户满意度提升。

一、客户关系管理概述

（一）客户关系管理的定义

客户关系管理（Customer Relationship Management，简称 CRM）是一种战略性的商业方法，旨在通过有效地管理和维护企业与客户之间的互动和关系，以实现客户满意度的提升、客户忠诚度的建立和业务增长的实现。它强调以客户为中心，将客户视为企业最重要的资产，并通过深入了解客户需求和行为，提供个性化的产品和服务来满足客户的需求。

从内涵上看，CRM 关注的是通过理解和影响客户的行为，以建立更强、更持久的关系，从而提高客户的生命周期价值。这主要通过三个方面来实现：客户的获取、客户的保留和客户的发展。在这个过程中，CRM 不仅仅是一个技术系统，更多的是一种企业战略和企业文化。

从外延上看，CRM 涵盖了很多领域，包括销售管理、客户服务、市场营销、数据分析、业务流程等。其中，销售管理关注的是通过管理销售过程来提高销售效率和销售额；客户服务则是通过提供高质量的客户服务来提高客户满意度和忠诚度；市场营销则是通过理解客户的需求和行为来制定有效的营销策略；数据分析则是通过分析客户数据来提供决策支持；业务流程则是通过优化业务流程来提高企业的运营效率。

总的来说，CRM 是一种将企业与客户的关系视为核心竞争力的战略思考，它旨在建立和维护与客户的长期关系，提高客户的价值，从而提高企业的竞争优势和盈利能力。

（二）客户关系管理的重要性和优势

客户关系管理在现代企业中具有重要性和优势，主要体现在以下几个方面：

1. 提升客户满意度

通过深入了解客户需求、偏好和行为，企业能够提供个性化的产品和服务，从而满足客户的期望和要求，提升客户的满意度。

2. 建立客户忠诚度

通过建立良好的客户关系，企业能够赢得客户的信任和忠诚度，使其成为企业的长期支持者和重要推荐者。

3. 促进业务增长

通过有效的客户关系管理，企业能够增加客户的复购率、提高交叉销售和增加客户价值，从而实现业务的持续增长。

4. 增强市场竞争力

客户关系管理帮助企业深入了解市场和竞争对手，通过个性化的营销和服务提供差异化的竞争优势，从而增强市场竞争力。

5. 优化资源利用

通过有效管理客户关系，企业能够更好地利用有限的资源，将资源集中在最有价值和有潜力的客户上，提高资源利用效率和 ROI。

客户关系管理的重要性和优势使得它成为现代企业不可或缺的管理方法。它不仅帮助企业与客户建立紧密的关系，还为企业提供了深入洞察市场和客户的机会，以实现持续的业务增长和竞争优势。

（三）客户关系管理的原理

1. 客户价值原理

客户价值原理指的是企业应该从客户的角度出发，将客户视为企业最宝贵的资源。企业需要深入了解客户的需求、偏好和价值观，以提供符合客户期望的产品和服务。通过不断增加客户价值，企业能够提高客户满意度、忠诚度和持续收益。

2. 客户满意度原理

客户满意度原理强调了企业应该以客户满意度为核心指标来评估和改进自身的业务。企业需要积极倾听客户的反馈和意见，及时解决问题并提供优质的客户服务。通过提高客户满意度，企业能够增强客户关系、提高口碑和吸引更多的潜在客户。

3. 客户忠诚度原理

客户忠诚度原理强调了企业应该追求客户的忠诚度和长期合作。忠诚客户对企业具有较高的信任度和重复购买意愿，他们为企业带来稳定的收入和口碑效应。企业需要通过提供优质的产品、个性化的服务和建立情感连接等方式，激发客户的忠诚度并保持长期关系。

4. 关系营销原理

关系营销原理认为建立和维护良好的客户关系是企业成功的关键。企业需要与客户建立紧密的联系和互动，以建立相互信任和合作的关系。通过与客户建立长期的合作伙伴关系，企业能够获得更多的机会和资源，并提高市场竞争力。

5. 客户维护和保留原理

客户维护和保留原理强调了企业应该重视现有客户的维护和保留。与新客户相比，维护和保留现有客户更加经济高效。企业需要通过定期的客户联系和沟通，提供个性化的服务和关怀，以及以提供增值服务和奖励计划等方式，确保现有客户的满意度和忠诚度，减少客户流失的风险。

通过遵循以上原理，企业可以建立持久的客户关系，提升客户价值和满意度，增加客户忠诚度，并实现长期的商业成功。

二、客户关系管理的关键要素

（一）客户识别和分类

客户关系管理的第一个关键要素是客户识别和分类。企业需要识别出潜在客户和现有客户，并将其进行分类。客户分类可以根据不同的标准，如根据购买行为、消费习惯、偏好等。通过客户识别和分类，企业能够更好地了解不同类型客户的需求和价值，有针对性地进行营销和服务。

（二）数据收集与分析

数据收集与分析是客户关系管理的关键环节。企业需要收集客户的个人信息、购买历史、互动记录等数据，并对这些数据进行分析。数据分析可以帮助企业深入了解客户的行为模式、喜好和需求，从而制定个性化的营销和服务策略。通过数据收集与分析，企业能够更好地把握客户的需求和市场趋势，做出准确的决策。

（三）个性化营销和服务

个性化营销和服务是客户关系管理的核心要素之一。基于客户的需求和特点，企业需要提供个性化的产品和服务，以满足客户的个性化需求。个性化营销可以通过定制化的推广活动、个性化的产品推荐和定制化的服务体验来实现。通过个性化营销和服务，企业能够增强客户的满意度和忠诚度，提升客户价值。

（四）客户参与和互动

客户参与和互动是客户关系管理的重要要素之一。企业需要积极与客户进行互动，建立双向的沟通渠道。通过客户参与和互动，企业能够了解客户的意见、建议和反馈，及时解决问题和改进产品和服务。客户参与和互动可以通过客户调研、客户反馈平台、社交媒体等方式进行。

（五）客户忠诚度

客户忠诚度的培养是客户关系管理的终极目标之一。企业需要通过提供优质的产品和服务、个性化的关怀和回馈措施等方式来培养客户的忠诚度。忠诚的客户更有可能持续购买、推荐企业，并成为企业的长期支持者。通过客户忠诚度的培养，企业能够实现客户的长期价值最大化。

以上所述的客户关系管理的关键要素相互关联、相互支持，共同构建了一个有效的客户关系管理体系。企业需要全面考虑和实施这些要素，以实现客户关系的优化和客户价值的最大化。

三、网络营销中的客户关系管理

（一）网络环境下的客户关系管理模式

在网络环境下，客户关系管理的模式经常以技术驱动的方式实现。常见的模式有：

1. 数据驱动的模式

企业使用数据分析工具和技术来收集、分析并应用客户数据，如购买行为、偏好等，以提供个性化的服务。

2. 社交媒体模式

企业利用社交媒体平台来与客户互动，如发布信息、回应反馈、提供在线服务等，以建立并维护与客户的关系。

3. 自助服务模式

企业提供在线自助服务工具，如网站、移动应用、在线聊天机器人等，让客户可以自行解决问题或获得所需的信息。

4. 多渠道模式

企业整合线上和线下的营销渠道，如网站、电子邮件、社交媒体、实体店等，以提供一致的客户体验。

（二）网络营销中的客户关系管理实践与案例分析

在网络营销中，许多企业成功地运用了客户关系管理来提升营销效果。客户管理策略已经深入我们每天生活的方方面面，例如：

阿里巴巴集团利用大数据技术，通过淘宝、天猫等多个平台收集客户购买行为、偏好等数据，然后分析这些数据来提供个性化的产品推荐和服务，以此提高销售额和客户满意度。京东利用其强大的物流网络和数据分析能力，为客户提供快速准时的配送服务，并通过分析客户购买行为和反馈，提供更加贴心的个性化服务。美团通过大数据分析，了解消费者的餐饮喜好和消费习惯，然后推荐适合的餐饮服务和优惠信息，提高消费者的购买率和满意度。作为社交媒体平台，微信不仅可以作为企业与客户互动的渠道，还可以通过微信支付、小程序等功能，帮助企业收集和分析客户数据，从而提供更好的客户服务和产品推荐。还有网易云音乐以其独特的社区功能，鼓励用户分享音乐和评论，从而建立强大的用户社区。同时，通过分析用户的听歌历史和偏好，推送个性化的歌曲和推荐列表，增强用户体验。

（三）网络营销与客户关系管理的关系

网络营销和客户关系管理之间有着密切的联系，并且在现代的商业环境中，它们的关系已经越来越紧密。

通过客户关系管理，企业可以获取大量的关于客户行为和喜好的信息。这些信息可以被用来制定更精确和个性化的营销策略。比如，企业可以根据客户的购买历史，向他们推送相关的产品广告。同时，通过构建稳定的客户关系，企业还可以提升客户的忠诚度和满意度，这将进一步增强企业的营销效果。

客户关系管理通过网络营销得以实现：网络营销为客户关系管理提供了必要的平台和工具。例如，企业可以通过网络营销渠道（如社交媒体、电子邮件等）收集客户的行为数据。这些数据对于理解客户需求，提供个性化服务，以及维护和增进客户关系至关重要。另外，网络营销的互动性和即时性也使得企业能够更快更直接地与客户建立联系，从而增强了客户关系管理的效果。

总之，网络营销和客户关系管理并不是孤立的，它们之间有着密切的互动。一方面，网络营销策略的成功实施往往依赖于有效的客户关系管理。另一方面，优秀的客户关系管理又能够增强网络营销的效果。因此，将网络营销和客户关系管理融为一个整体，是现代企业取得竞争优势的关键。

四、网络营销中客户关系管理的策略与实施

（一）个性化营销和服务实施的策略

1.利用数据分析和个性化推荐算法

企业应使用先进的数据分析工具和算法，如机器学习、人工智能等，分析客户的行为数据，如浏览记录、购买历史等。然后，根据这些数据，使用推荐算法为每个客户推送他们可能感兴趣的产品或服务。

2.深入了解客户的兴趣和偏好

企业应通过使用客户数据库和分析工具，来深入了解每个客户的兴趣、偏好和购买历史。这些信息可以用于制定个性化的营销策略，例如提供符合客户喜好的产品或服务，推送与客户兴趣相关的营销信息等。

3.建立客户档案

企业应为每个客户建立详细的客户档案，包括他们的基本信息（如年龄、性别、居住地等）、购买记录、互动历史等。这些信息可以帮助企业更全面地了解客户，从而提供更加个性化和定制化的服务。

4.提供定制化的体验

企业应根据每个客户的特征和需求，提供定制化的购物体验。这可能包括提供个性化的产品推荐、提供定制化的购物路径、根据客户的购买历史提供特殊优惠等。

（二）社交媒体互动和在线支持策略

1.利用社交媒体平台进行互动

企业应充分利用微信、QQ等社交媒体平台，与客户进行日常互动。例如，企业可以发布新产品信息、分享相关行业资讯、回应客户的问题和反馈，以及举办线上活动等。这不仅可以帮助企业及时获取客户的反馈，还可以加强与客户的关系，构建积极的在线社区。

2.提供在线支持和客户服务

企业应提供多渠道的在线支持，包括在线聊天、电子邮件、社交媒体等。这些渠道可以帮助企业及时响应客户的需求和问题，提供及时、方便的客户服务。例如，企业可以设置在线聊天窗口，以实时解答客户的问题；或者使用电子邮件，向客户提供详细的产品信息和解答。

3.保持社交媒体平台的活跃度

企业应定期更新社交媒体的内容，保持与客户的互动。这可以帮助企业保持在客户心中的存在感，加强与客户的联系。

4.利用社交媒体收集客户反馈

企业可以利用社交媒体平台收集客户的反馈，了解客户对产品或服务的满意度，以及他们的需求和期望。这些反馈可以为企业改进产品和服务、提升客户满意度提供宝贵的信息。

（三）促进客户参与和互动策略

1. 创造客户参与的机会

企业应创造各种客户参与的机会，如进行在线调查，邀请用户生成内容（UGC），以及举办社交媒体互动活动等。这些活动可以帮助企业收集客户的反馈，了解他们的需求和期望，同时也能够增强客户的参与感和归属感。

2. 鼓励客户生成内容

企业可以鼓励客户生成和分享与产品或服务相关的内容，如产品使用体验、照片、视频等。这不仅可以提供客户参与的机会，还能帮助企业收集客户的实际使用反馈，为改进产品和服务提供宝贵的信息。

3. 开展社交媒体互动活动

企业可以通过社交媒体平台，如微博、微信等，开展各种互动活动，如问答、投票、竞赛等。这些活动可以提高客户的参与度，加强企业与客户的关系，同时也能提升企业的品牌影响力。

4. 鼓励客户提供反馈

企业应鼓励客户提供对产品或服务的意见和反馈，如满意度调查、产品改进建议等。企业应及时回应这些反馈，以表明其重视客户的声音，同时也可以利用这些反馈，改进产品和服务，提升客户满意度。

（四）客户忠诚度培养策略

1. 保持定期的沟通和联系

企业应通过电子邮件、短信、社交媒体等渠道，与客户保持定期的沟通和联系。例如，企业可以发送新产品信息、促销活动通知、个性化推荐等内容，以提高客户的参与度和忠诚度。

2. 发送个性化的祝福和优惠

企业可以在客户的生日、节日或其他重要时间点，发送个性化的祝福和优惠。例如，企业可以为客户提供生日折扣、节日礼品等，以增加客户的亲近感和忠诚度。

3. 提供忠诚度计划和奖励机制

企业应设立忠诚度计划和奖励机制，以激励客户继续购买和推荐企业的产品和服务。例如，企业可以提供积分兑换、会员折扣、推荐奖励等优惠，以鼓励客户的忠诚行为。

4. 关注客户的生命周期价值

企业应关注每个客户的生命周期价值，而不仅仅是单次购买的利润。企业可以通过交叉销售和升级销售，提高客户的购买频次和消费金额，从而提高客户的生命周期价值。

通过以上策略和实施方法，企业可以在网络营销中有效地进行客户关系管理，提高客户的满意度和忠诚度，增加客户的长期价值和持续收益。

第二节　社交化客户关系管理

随着移动互联网技术的发展和社交媒体的普及，社交化客户关系管理（Social CRM）已经成为企业营销和客户服务的重要组成部分。社交化客户关系管理是一种新型的客户关系管理方法，它通过利用社交媒体平台，收集和分析客户数据，与客户进行互动和沟通，提供个性化的服务和信息，建立和维护与客户的关系。这种方法不仅能够提高企业的服务质量和客户满意度，还能够增强企业的品牌形象和影响力，提高销售利润。

一、社交化客户关系管理概述

（一）社交化客户关系管理的定义及其重要性

社交化客户关系管理（Social CRM）是一种集成了社交媒体元素的客户关系管理模式。它不仅包含了传统CRM中的客户管理和服务，还进一步包括了社交媒体的互动和参与。社交化客户关系管理侧重于通过社交媒体平台，例如微博、微信等，与客户进行双向互动，收集和分析客户的反馈，以此来提供个性化的服务，优化产品，构建并维护与客户的关系。

通过前文的研究，我们已经了解到CRM在网络营销中的重要性，而相比传统CRM，社交化客户关系管理具有更多的优势和可能性，对于企业的发展至关重要。具体体现在以下几个方面：

1.更深入的客户洞察

在社交媒体平台上，客户会主动分享他们对产品或服务的看法，企业可以通过这些信息获取更深入的客户洞察。这种理解可以帮助企业更好地满足客户需求，创造更精准的产品或服务。

2.更人性化的品牌亲和力

社交化客户关系管理能够帮助企业构建更加人性化的品牌形象。通过在社交媒体上进行互动交流，企业可以展现其更加真实、贴近人的一面，从而增强品牌亲和力。

3.时效性和快速反应

社交媒体提供了实时的互动平台，企业能够迅速地对客户反馈进行回应，及时解决问题，避免了由于延迟而可能造成的更大损失。

4.更明显的营销效果

社交化客户关系管理利用社交媒体的传播特性，可以扩大传统营销活动的影响。比如，企业的优惠活动、新产品发布等信息可以在社交媒体上迅速传播，扩大营销的影响力。

5.有效提高客户参与度

社交化客户关系管理可以通过互动活动，例如在线问答、游戏等方式，提高客户的参与度，从而增强客户对品牌的忠诚度。

6.更深层次的客户数据的价值挖掘

通过社交化客户关系管理，企业可以收集到大量的用户行为数据，通过对这些数据的深度挖掘和分析，企业可以发现更多的商业价值。

（二）社交化客户关系管理的理论背景

1.客户关系管理理论

客户生命周期管理理论：这种理论强调了在整个客户生命周期中，通过不断地与客户互动和交流，理解和满足客户需求，以保持和深化与客户的关系，提升客户的满意度和忠诚度。

客户价值和满意度模型：这种模型侧重于理解客户的需求和期望，以及产品或服务如何满足这些需求和期望。该模型认为，通过提供高价值的产品或服务，可以提升客户的满意度，从而促进客户的重复购买和推荐。

客户忠诚度模型：这种模型主要研究如何通过提供优质的服务和满足客户需求，建立和提升客户的忠诚度。忠诚的客户更可能进行重复购买，而且更可能推荐产品或服务给其他人。

2. 社交媒体营销理论

社交媒体分类和特性：社交媒体包括各种类型，如社交网络、博客、微博、论坛、评价网站等。不同类型的社交媒体有不同的特性，例如，社交网络适合建立和维护人际关系，博客和微博适合分享个人观点和信息，论坛和评价网站适合讨论和评价产品或服务。

社交媒体营销方法和策略：社交媒体营销包括内容营销、社交广告、社交媒体优化等方法。其中，内容营销侧重于创建和分享有价值的内容，以吸引和留住目标受众；社交广告侧重于在社交媒体上投放广告，以增加品牌曝光和吸引流量；社交媒体优化侧重于优化社交媒体的使用和互动，以增强其效果。

3. 数据分析和大数据理论

数据分析理论：数据分析理论包括描述性分析、预测性分析和规范性分析。其中，描述性分析侧重于理解和解释数据，预测性分析侧重于预测未来的趋势，规范性分析侧重于提供决策建议。

大数据理论：大数据理论强调了大数据的价值和挑战，以及如何有效地收集、存储、分析和使用大数据。大数据可以提供更全面和深入的洞察，但同时也需要高效的技术和工具，以及合适的数据治理和隐私保护策略。

二、社交化客户关系管理的策略和工具

（一）社交媒体平台的选择和使用

选择适合企业特性和目标受众的社交媒体平台是至关重要的。企业应评估各种社交媒体平台（如微博、微信、豆瓣等）的用户基础、功能和影响力，以选择最适合其需要的平台。使用社交媒体平台时，企业应关注用户互动、分享和反馈，以持续优化其社交媒体策略。

（二）数据收集和分析的策略

企业可以通过社交媒体平台收集大量有关客户的数据，包括他们的兴趣、行为和反馈。通过数据分析，企业可以获得关于客户需求和行为的深入洞察，以更好地满足他们的需求并优化其社交媒体策略。

（三）社交媒体上的互动和参与策略

在社交媒体上与用户进行互动是构建和维护客户关系的关键。企业可以通过发布有趣和有价值的内容，引导用户参与讨论和活动，以及定期回应用户的评论和问题，以建立积极的社交媒体互动。

（四）客户服务和支持的社交化策略

社交媒体提供了一个有效的渠道，让企业能够及时回应客户的问题和需求，提供客户服务

和支持。例如，企业可以设立专门的社交媒体账号或服务热线，用于处理客户的咨询和投诉，或者在社交媒体上发布常见问题的解答和产品使用指南。

（五）社交媒体上的个性化营销策略

社交媒体使企业可以根据用户的兴趣和行为，提供个性化的营销信息。例如，企业可以使用用户的社交媒体行为数据，推送与其兴趣和需求相关的产品信息或优惠信息，以提高营销的有效性和用户满意度。

三、社交化客户关系管理在实践中的效果和影响

（一）对客户满意度和忠诚度的影响

社交化客户关系管理通过提供更及时、更个性化的服务和信息，可以提高客户的满意度。社交媒体的互动性和实时性让客户感到企业对他们的关注和重视，从而增强了客户的满意度和忠诚度。例如，京东这样的电子商务巨头，就通过其官方微信和微博为客户提供及时、精准的服务。京东在社交媒体上响应用户咨询，解决问题，这不仅显著提升了客户的问题解决效率，也为京东赢得了客户的满意度和忠诚度。京东成功地利用社交媒体平台建立和维护与客户的关系，使客户感到被重视和尊重，从而进一步加强了他们对品牌的信任和忠诚。这就是社交化客户关系管理在实践中发挥作用的一个例子。

（二）对品牌形象和影响力的影响

社交化客户关系管理不仅可以增强客户满意度和忠诚度，还可以提升品牌形象和影响力。比如，中国电信利用其社交媒体平台来发布各类有价值的内容，这些内容涵盖行业新闻、服务更新、促销信息等，它们不仅为用户提供了有用的信息，同时也塑造了中国电信作为行业领导者的品牌形象。此外，中国电信还通过社交媒体平台与用户进行互动，包括回应用户的问题和反馈，发起讨论和投票，以及分享用户故事等。这些活动让用户感到他们的声音被听到，他们是品牌社区的一部分，从而进一步加强了品牌的影响力。这个例子充分展示了社交化客户关系管理在品牌形象塑造和影响力提升方面的重要作用。

（三）对销售和利润的影响

社交化客户关系管理也可以直接影响企业的销售和利润。以美团点评为例，该公司通过分析用户在社交媒体上的行为数据，获取了用户的喜好和需求信息。然后，美团点评根据这些数据，为用户推送个性化的餐厅推荐和优惠信息。这种基于用户数据的个性化营销策略，使得美团点评能更精准地把握销售机会，提高销售转化率。同时，这也提高了用户的购买满意度，因为他们收到的是与他们的需求和兴趣高度匹配的推荐和优惠。结果，美团点评不仅成功提升了销售额，还通过提高客户满意度和忠诚度，提高了客户的生命周期价值，从而提升了企业的长期利润。这个案例展示了社交化客户关系管理在推动销售和提升利润方面的重要性。

四、社交化客户关系管理的挑战和解决方案

（一）数据安全和隐私保护的挑战

在社交化客户关系管理中，企业会收集和处理大量的客户数据，包括个人信息、购买记

录、社交媒体行为等。这就带来了数据安全和隐私保护的挑战。一方面，企业需要保护这些数据不被非法访问和泄露。另一方面，企业需要尊重客户的隐私权，不能在未经许可的情况下收集和使用客户的私人信息。阿里巴巴集团在处理用户数据时，非常重视数据的安全和隐私保护。他们采用了严格的数据安全措施，包括数据加密、访问控制等，来防止数据的泄露和非法访问。此外，他们在收集和使用用户数据时，也遵守了明确的隐私政策，确保获取用户的明确同意。

对于数据安全和隐私保护的挑战，企业可以从以下几个方面入手：

1. 数据安全防护措施

企业应该使用安全的数据存储和传输技术，如加密技术，以防止数据被非法获取。同时，需要定期进行数据安全审计，及时发现并修复安全漏洞。

2. 数据访问权限管理

对于客户数据的访问，需要严格的权限管理。只有获得相应权限的员工才能访问相关数据，防止数据滥用和泄露。

3. 明确的隐私政策

企业需要制定明确的隐私政策，告知客户哪些数据将被收集，如何使用和保护这些数据，并获得客户的明确同意。

4. 隐私权保护培训

企业需要定期对员工进行隐私权保护的培训，提升员工的隐私保护意识，确保他们在处理客户数据时符合企业的隐私政策和相关法律规定。

（二）社交媒体上的负面反馈和危机处理

社交媒体使得客户可以方便地分享他们对产品和服务的反馈，其中也包括负面的反馈。负面反馈可能包括对产品质量的投诉，对服务态度的不满，对价格的质疑，对品牌形象或者公司行为的批评等。这些反馈可能源于不满意的客户，也可能源于竞争对手的抹黑，或者网络上的恶意传播。这些负面信息如果处理不当，可能会对企业的声誉造成严重影响，甚至引发危机。例如，苹果官方微博账号经常积极地回应用户的反馈，包括负面的反馈。他们有专门的团队来监控和处理这些反馈，尽快地解决用户的问题，同时也在微博上公开回应，以展现他们对客户的尊重和负责任的态度。

针对负面反馈的处理，企业可以构建以下的危机处理机制：

1. 建立社交媒体监听系统

通过工具和团队的方式持续监听社交媒体上的舆论动态，一旦发现负面信息，能够及时发现并快速反应。

2. 制定负面反馈的应对流程

这包括对于负面信息的验证，确定应对策略（如澄清、道歉、改正等），执行应对行动，以及后续的跟踪和反馈。

3. 预设危机公关方案

对于可能出现的各种危机情况，预先制定公关方案，一旦危机发生，能够迅速启动，减小危机对公司声誉的影响。

4. 培训和演练

对于社交媒体团队和公关团队，需要定期进行危机处理的培训和演练，提高他们的危机处理能力。

（三）客户参与和活跃度的维持

社交媒体的互动模式与其他方式有着显著的不同。首先，社交媒体是一个双向沟通的平台。在传统的媒体中，企业和客户之间的交流主要是单向的，由企业向客户传递信息。而在社交媒体上，客户可以直接回应企业的信息，参与到对话中来。这为企业提供了更多了解和接触客户的机会，也给了客户更多的发声权。其次，社交媒体提供了丰富的互动形式。客户可以通过评论、点赞、分享、参与投票等多种方式参与到社交媒体的互动中来。这些互动形式丰富了客户的参与体验，提高了他们的参与度和活跃度。此外，社交媒体的互动是实时的，信息传播速度快。企业可以通过社交媒体快速收集到客户的反馈，及时响应客户的问题和需求。

喜马拉雅 FM 通过在社交媒体上发布有趣和富有创意的内容，例如互动问答、音频剧情推理、用户故事分享等，成功地吸引了大量用户的参与。他们还通过数据分析工具，了解用户的行为和喜好，优化内容和活动，以提高用户的参与度和活跃度。因此，要维持和提升客户的参与度和活跃度，企业需要充分利用社交媒体的特性，如提供吸引人的内容，提供多种互动形式，及时响应客户的反馈，以及通过数据分析了解客户的兴趣和需求，持续优化其社交媒体策略。

第三节　售后服务与客户保持

售后服务，不仅是产品和服务的延续，更是建立和维护与客户关系的关键步骤。这些服务可以是产品支持，例如，技术支持、维修和替换，或者是其他形式的客户服务，如咨询、投诉处理等。对于任何组织来说，其价值不仅体现在能够吸引新客户上，更重要的是能够维持和增进与现有客户的关系，这也是客户保持的核心所在。

一、售后服务的理论基础

（一）售后服务的定义和类型

售后服务是指企业在销售产品或提供服务后，为客户提供的一系列支持和帮助。它包括解答客户问题、解决客户投诉、提供产品维修和保养、售后咨询等各种形式的服务。售后服务旨在确保客户在购买产品后得到满意的使用体验，并为客户提供支持和帮助，以解决可能出现的问题和需求。

根据服务的性质和提供方式，售后服务可以分为以下几种类型：

技术支持：包括为客户提供产品的技术指导、解答技术问题、故障排除等技术支持服务。这种服务通常由技术支持团队或专业的技术人员提供，可以通过电话、在线聊天、电子邮件等方式进行沟通和交流。

维修与保养：指为客户提供产品的维修和保养服务。当产品发生故障或需要进行定期维护时，企业会提供维修人员或维修中心，负责修复产品或提供相应的维护服务。

售后咨询：为客户提供关于产品使用、功能操作、常见问题解答等方面的咨询服务。客户可以向企业咨询产品的具体用法、特性、配件信息等内容，以获取所需的信息和帮助。

投诉处理：当客户对产品或服务不满意时，他们可以向企业提出投诉。售后服务团队负责接收和处理客户的投诉，并寻找解决方案，以解决客户的问题，并重新建立客户的满意度。

售后培训：为客户提供有关产品的培训和培训材料，以帮助他们更好地使用产品。这种培训可以通过现场培训、在线培训、培训视频等形式进行。

售后回访：在客户购买产品后，企业会定期对客户进行沟通和回访，了解客户对产品的使用情况和反馈，以及他们的满意度和需求，从而及时解决问题和改进服务。

通过提供多样化和综合性的售后服务，企业可以增强客户满意度、忠诚度和口碑，树立良好的企业形象，并为客户提供全方位的支持和帮助。

（二）电子商务中的售后服务

电子商务中的售后服务是指在线商店在顾客购买产品或使用服务后，为顾客提供的一系列支持和帮助。由于电子商务的特点，售后服务在这个领域有着独特的形式和方式。以下是电子商务中常见的售后服务方式：

在线客服和咨询：电子商务平台通常提供在线客服功能，顾客可以通过在线聊天、电子邮件或电话与客服人员进行沟通和咨询。客服人员会解答顾客关于产品的问题、订单状态、退换货流程等方面的疑问。

退换货政策：电子商务平台通常制定明确的退换货政策，以确保顾客在购买后有权利进行退货或换货。顾客可以根据退换货政策要求进行申请，并将产品退回给商家，商家会进行退款或换货处理。

在线售后服务平台：有些电子商务平台提供在线售后服务平台，顾客可以在平台上提交售后申请，包括退货、换货、维修等需求。商家会通过平台与顾客进行沟通和处理售后事务。

评价和评价回复：顾客在电子商务平台上可以对购买的产品或服务进行评价和评论。商家会关注这些评价，并根据顾客的反馈回复和解决问题，以提高顾客满意度和品牌形象。

售后保修和维修服务：对于某些大型家电、电子设备等产品，电子商务平台可能提供售后保修和维修服务。顾客可以通过在线申请或联系商家进行售后保修或维修服务。

客户回访和定期沟通：一些电子商务平台会通过电子邮件、短信或电话等方式对顾客进行回访和定期沟通，了解顾客对产品的使用情况和满意度，并提供进一步的支持和建议。

电子商务中的售后服务对于保证顾客满意度和忠诚度至关重要。良好的售后服务可以帮助解决顾客的问题，提供准确和及时的支持，增强顾客对商家的信任，并建立良好的顾客关系。同时，电子商务平台也可以通过不断改进和优化售后服务，提高顾客满意度，促进口碑传播和再次购买。

（三）优质售后服务的关键因素

优质的售后服务应具备以下方面的特点：

1.可靠性

优质的售后服务应该是可靠的，即能够按照承诺和期望提供服务。这意味着企业应该在服务过程中遵守承诺、准时交付、提供准确的信息等，以满足顾客对于服务的可靠性需求。

2.响应性

优质的售后服务应该具有及时响应的特点。顾客在售后服务中通常期望能够得到快速的反馈和解决问题的支持。企业应设立有效的沟通渠道和响应机制，及时回应顾客的反馈和请求，以满足顾客对于响应性的需求。

3.同情心

优质的售后服务应该表现出对顾客问题的关心和同情心。顾客在遇到问题或困难时，希望能够得到企业的关注和理解。企业应倾听顾客的需求和感受，表现出同情心和关怀，通过积极解决问题和提供支持来满足顾客的情感需求。

4.保证性

优质的售后服务应该具备保证性，即能够提供满意的解决方案和保障。顾客在售后服务中期望得到问题的解决和满意的补救措施。企业应提供有效的解决方案和保障，确保顾客的权益和利益得到保护和满足。

这些特点是优质售后服务的关键要素，企业应在售后服务设计和实施中注重这些方面，以提供满足顾客需求的优质服务体验。

二、客户保持的理论基础

（一）客户保持的定义和意义

客户保持指的是企业与现有客户之间的关系的维持和管理。它强调在交易完成后，企业通过积极的互动和关怀措施来保持与客户的联系和合作关系，以促进客户的忠诚度和持续购买行为。客户保持的意义在于以下几个方面：

第一，通过积极的客户保持策略，企业能够建立稳固的关系，培养客户的忠诚度。忠诚的客户更有可能继续购买企业的产品或服务，带来稳定的收入和利润。

第二，客户保持策略能降低客户流失率。客户保持的目标是减少客户的流失，避免他们转向竞争对手。通过建立互信和合作的关系，提供优质的售后服务和个性化的关怀，企业可以减少客户的离开和流失，保持现有客户的稳定性。

第三，保持与现有客户的持续关系，使企业能够更好地理解客户需求、偏好和行为，从而提供更精准的产品和服务。通过深入了解客户，企业可以增加客户价值，满足客户的个性化需求，并在市场中获得竞争优势。

第四，客户保持有助于口碑传播和推荐。满意的客户往往愿意与他人分享自己的积极经验，口碑传播和推荐是一种有力的市场营销方式。通过积极的客户保持工作，企业可以促使满意的客户成为品牌的忠实倡导者，为企业带来更多的口碑宣传和新客户引流。

（二）客户保持的方法和策略

客户保持的方法和策略是一项复杂而细致的任务，其关键在于提供卓越的客户服务。通过提供质量高、可靠、及时的服务，企业能够满足客户的需求和预期，增强他们对品牌的满意度和忠诚度。为了进一步满足客户的个性化需求，企业必须提供定制化的产品或服务。这需要企业深入了解和研究客户的特性和需求，才能更准确地提供他们真正需要和满意的产品或服务。

在维护与客户的长期关系上，客户关系管理（CRM）工具的使用则显得至关重要。这些工具能帮助企业追踪和管理与客户的所有交互，使企业有机会以更个性化的方式提供服务，进一步提升客户满意度和留存率。此外，企业也需要建立客户忠诚度计划，通过提供积分、奖励、优惠等激励措施，鼓励客户进行再次购买，以及向他人推荐企业的产品或服务。

为了更好地理解客户的需求和期望，企业应定期进行客户反馈和调查。这样，企业就能及时获取关于产品或服务质量、客户满意度等信息，然后据此进行改进。同时，企业可以通过提供有关其产品或服务的教育和培训，帮助客户更好地理解和使用，这也是提高客户满意度和忠诚度的有效方式。

最后，不能忽视的是优质的售后服务。通过提供及时、有效的售后服务，企业能够解决客户在使用产品或服务过程中遇到的问题，这对于增强客户的信任感和满意度，以及提高客户保持率具有决定性的作用。

总的来说，这些策略应相互配合，形成一个完整的系统，以便更有效地提高客户保持率。同时，企业需要定期评估这些策略的效果，进行适时的调整和优化。

（三）客户保持对企业的影响

客户保持所带来的不仅仅是客户保留，之所以会保持这些客户，就因为客户对企业具有满意度和忠诚度。事实上，客户很愿意把这种感觉告诉所认识的人，而这种"宣传"的效果绝对胜过企业花巨资拍摄广告所带来的强烈吸引。对企业而言，客户保持比吸引新客户更能够带来企业的低成本。

三、售后服务与客户保持的联系

（一）售后服务对客户保持的影响

售后服务在客户保持中发挥着重要的作用，对客户保持产生着直接的影响。以下是售后服务如何影响客户保持的几个方面：

1.客户满意度提升

优质的售后服务能够满足客户的需求，解决客户的问题，提供及时的支持和帮助。当客户在使用产品或服务过程中遇到问题时，如果能够得到及时、准确、个性化的解决方案，客户的满意度将得到提升。满意的客户更有可能继续选择和信任企业，保持长期的合作关系。

2.建立信任和忠诚度

通过优质的售后服务，企业能够建立起与客户之间的信任关系。当客户感受到企业在售后阶段对他们的关心和关注时，他们会对企业产生更高的信任度，并倾向于与企业建立长期的合作关系。这种信任和忠诚度的建立对于客户保持至关重要。

3.口碑传播和推荐

满意的客户往往会主动向他人分享他们的积极经验，推荐企业的产品或服务。优质的售后服务能够激发客户的口碑传播，通过口碑传播，企业可以获得更多的新客户引流和业务增长机会。客户保持不仅关乎现有客户的忠诚度，还涉及潜在客户的获取和留存。

4.解决问题和投诉

售后服务是企业解决客户问题和投诉的重要渠道。当客户在使用产品或服务中遇到问题或不满时，如果企业能够迅速、积极地回应和解决，客户对企业的信任和满意度将会得到提升。通过妥善处理客户的问题和投诉，企业可以避免客户流失，保持与客户的稳定关系。

（二）售后服务与客户保持的案例研究

案例：京东的售后服务与客户保持

京东是中国领先的电子商务平台之一，注重提供优质的售后服务以保持客户的忠诚度。以下是一个关于京东的售后服务与客户保持的案例研究：

案例描述：

一位客户在京东购买了一台电视，并在使用过程中发现产品出现了屏幕亮度不均匀的问题。客户通过京东的客服热线联系了售后服务团队，向他们反映了问题，并希望能够得到解决。

售后服务过程：

快速响应：京东的售后服务团队在接到客户的反馈后，迅速回应并提供帮助。他们向客户解释了可能导致屏幕亮度不均匀的原因，并询问客户是否需要更换产品或维修服务。

解决问题：京东的售后服务团队与客户协商，决定为客户提供免费的产品更换服务。他们与客户约定了更换时间和地点，并详细说明了后续操作流程。

跟进服务：在产品更换后，京东的售后服务团队继续与客户保持联系，确保新产品的正常使用，并提供任何可能的技术支持和解决方案。他们还向客户提供了满意度调查，以收集反馈并改进服务质量。

影响和结果：

通过快速响应和解决客户的问题，京东的售后服务团队成功保持了客户的满意度和忠诚度。客户感到他们得到了关注和支持，对京东的信任度得到提升。这种积极的售后服务经验有助于客户保持长期的合作关系，并促使他们在未来的购物决策中继续选择京东作为首选的电商平台。

通过提供快速响应、问题解决和持续跟进服务，京东的售后服务成功地影响了客户的保持意愿。这个案例说明了在中国电子商务领域，优质的售后服务对于维护客户关系的重要性，以及积极的售后服务能够提高客户的满意度和忠诚度。

（三）优质售后服务提高客户保持率

优质售后服务可以显著提高客户保持率。以下是一些方法和策略。

1. 及时响应和解决问题

当客户遇到问题或投诉时，及时回应并积极寻求解决方案。通过迅速解决问题，客户会感受到关心和重视，增强对企业的信任和忠诚度。

2. 提供个性化的服务

了解客户的需求和偏好，根据客户的个性化需求提供定制化的售后服务。个性化的服务能够增强客户的满意度，使其感到被重视和关注。

3. 建立持续的沟通渠道

与客户保持良好的沟通和联系，主动了解客户的反馈和意见。通过定期的客户满意度调查、电话回访、电子邮件或社交媒体互动等方式，与客户保持沟通，及时解决潜在问题，改进服务质量。

4. 提供额外的价值和福利

通过提供额外的价值和福利，如延长保修期限、提供免费维修或升级服务、赠送礼品或折扣券等，增加客户的满意度和忠诚度。这些额外的福利能够使客户感到被关怀和重视，增加客户的保持意愿。

5. 建立客户社区和促进互动

通过建立在线客户社区、论坛或社交媒体平台，鼓励客户之间的互动和知识分享。这样的互动能够增加客户的参与感和归属感，加强客户与企业的黏性，提高客户保持率。

小米是中国知名的电子产品和智能手机制造商，其成功一部分可以归功于其优质的售后服务和客户保持策略。

小米注重售后服务，提供多种方式与客户进行沟通和支持，包括在线客服、客户服务热线和线下服务中心。他们为客户提供快速响应和解决问题的渠道，以确保客户在购买后获得满意的售后支持。

此外，小米还通过定期的软件更新和功能升级来改善产品性能，并提供免费的云服务备份和恢复功能，以保护客户的数据安全。这种持续的关注和改进显示了小米对客户保持的重视，使客户感到被关心和重视。

另外，小米还通过建立强大的社区生态系统来与客户进行互动和参与。他们的 MIUI 论坛和米家社区成为用户交流、分享经验和提出建议的平台。小米公司积极参与并回应这些社区的互动，使客户感到参与和被重视。

通过这些售后服务和客户保持策略，小米成功地建立了强大的用户基础和忠诚度。他们的客户保持率高，客户继续购买小米产品，并愿意推荐给其他人。这进一步巩固了小米在中国电子商务领域的地位，并促进了其持续增长和成功。

第八章 网络营销的评估与改进策略

第一节 网络营销绩效评估指标体系构建

网络营销作为一种有效的市场推广手段，已经成为企业实现业务增长和品牌建设的重要工具。然而，随着竞争的加剧和用户需求的不断变化，如何评估网络营销的绩效成为企业关注的焦点之一。网络营销绩效评估的意义不仅在于了解企业在网络营销活动中的表现，还能够为企业提供决策支持和优化策略的依据。通过科学有效的评估指标体系，企业可以了解自身的网络营销绩效，并与竞争对手进行比较，从而发现改进和提升的空间，优化资源配置，提高市场竞争力。

一、网络营销绩效评估指标体系构建理论基础

（一）绩效评估概述

1.绩效评估的概念

绩效评估，也称为性能评估或者表现评估，是一个系统的过程，用于评价个人、团队或组织在特定时间段内的工作表现或完成任务的效率和效果。在企业管理中，绩效评估通常被用来决定工资增长、晋升，或是在需要改善的地方提供反馈。

在更宽泛的情境下，绩效评估也可以应用于项目管理、产品管理或营销活动中，帮助评估和衡量一项活动或策略的效果。例如，在网络营销中，绩效评估可能包括对点击率、转化率、客户保留率等关键绩效指标（KPI）的测量和评估。绩效评估的目的主要有以下几个方面：

①为决策提供依据，如制订未来计划、改进工作流程、进行人力资源的管理等。

②为员工提供反馈，帮助他们理解自己的优点和需要改进的地方，从而激励他们提高工作效能。

③评估目标的达成程度，判断策略或活动是否成功，以及如何调整策略以优化结果。

2.绩效评估的过程

绩效评估的过程通常包括设定目标、确定评估标准和方法、进行评估、反馈评估结果、基于评估结果进行改进等步骤。

（1）设定目标：在开始任何形式的评估之前，首先需要明确评估的目标和预期结果。这包括确定要衡量的关键绩效指标（KPIs）或目标，例如提高销售量、提升客户满意度、增加市场份额等。

（2）确定评估标准和方法：一旦目标被确定，接下来就需要确定如何评估这些目标的达成程度。这包括选择合适的评估标准和方法。评估标准应该是明确、可衡量的，而评估方法则需

要根据目标和实际情况选择。

（3）进行评估：在目标和标准被确定后，接下来就是实际进行评估的过程。这通常需要收集和分析数据，比如销售数据、客户满意度调查结果等，然后根据之前确定的评估标准进行评估。

（4）反馈评估结果：评估完成后，需要将评估结果反馈给相关的人员。反馈的方式和内容应该使他们能清楚地了解目标的达成情况，以及哪些地方做得好，哪些地方需要改进。

（5）基于评估结果进行改进：根据评估结果，找出存在的问题和改进的空间，然后制订并实施改进计划。

（6）重复上述步骤：绩效评估是一个持续的过程，不断设定新的目标，进行评估，反馈结果，并基于结果进行改进。

这个过程是为了确保组织或个人的工作表现能够满足设定的目标和标准，以达到最优的绩效。

（二）网络营销绩效评估的重要性

1.提高营销效果：评估可以帮助公司了解网络营销活动的实际效果，明确是否达到预期目标，是否产生了预期的回报。只有通过绩效评估，才能找出存在的问题，及时做出调整，提高网络营销效果。

2.资源优化分配：通过网络营销绩效评估，企业可以清晰了解哪些营销活动效果更好，哪些效果较差。通过这种方式，企业可以根据评估结果，合理分配和优化资源，把更多的精力和资金投入效果更好的营销活动中去。

3.降低风险：绩效评估可以帮助企业发现网络营销活动中的问题，及时调整营销策略，避免因营销活动的问题导致的潜在风险。

4.建立竞争优势：通过对网络营销绩效的持续评估，企业可以对自身的营销效果有深入的了解，根据评估结果，调整和完善自己的网络营销策略，从而建立起竞争优势。

5.提升客户满意度：评估网络营销绩效可以帮助企业了解客户的需求和反馈，根据这些信息改进产品或服务，从而提高客户满意度。

6.适应市场变化：随着互联网技术的快速发展，消费者的行为模式和需求也在不断变化。定期进行网络营销绩效评估，可以帮助企业更好地适应这些变化，及时调整营销策略。

二、网络营销绩效评估指标的选择

（一）指标选择的一般原则

在选择网络营销绩效评估的指标时，需要考虑以下几个原则：

1.关联性原则

选取的指标必须与企业的网络营销目标紧密相关。如果指标无法反映营销目标的达成程度，那么这个指标就失去了评估的价值。

2.可测量性原则

好的指标应该是可以量化的，这样才能更准确地反映网络营销活动的效果。

3.实时性原则

在网络营销中，市场环境和消费者行为经常发生变化，因此，好的指标需要能反映实时的营销效果，以便企业及时调整策略。

4.全面性原则

应选择多元化的指标，全面评价网络营销活动的效果。这些指标应覆盖各种营销目标，例如增加网站流量、提高转化率、增加客户忠诚度等。

5.可比性原则

选取的指标应具备可比性，能够进行横向和纵向的比较。这样可以帮助企业评估自身网络营销活动的绩效，并与竞争对手进行比较分析。

6.可操作性原则

指标应具备可操作性，即企业能够采取有效措施来改善指标的数值。这样可以帮助企业根据指标结果进行具体的行动和决策。

7.经济性原则

选择指标时需要考虑收集和计算指标所需的成本和资源投入。指标的计算应当是可行和经济的，以确保评估工作的效率和效益。

8.持续性原则

好的指标应该是持续可用的，能够跟踪和监测网络营销活动的绩效。指标应具备长期稳定性，以支持企业对网络营销策略的持续改进和优化。

以上原则可以作为指标选择的一般指导，帮助企业在构建网络营销绩效评估指标体系时进行合理选择，以更全面、准确地评估网络营销活动的绩效。

（二）网络营销的主要绩效评估指标

网络营销的主要绩效评估指标通常包括：

流量相关指标：如网站访问量、页面浏览量、用户访问时间等。

转化相关指标：如转化率、购物车 abandonment rate（购物车放弃率）、注册数、订单数等。

客户忠诚度相关指标：如重复购买率、客户留存率、客户生命周期价值（CLV）等。

品牌认知度相关指标：如搜索引擎排名、社交媒体关注数、品牌提及次数等。

经济效益指标：如广告投入回报率（ROI）、每次点击成本（CPC）、每千次展示成本（CPM）等。

（三）不同类型网络营销活动的特定指标

不同类型的网络营销活动可能需要不同的评估指标，下面试列举一二：

搜索引擎优化（SEO）：关键词排名、网站流量、用户在网站停留的时间等。

内容营销：文章或视频的查看数、分享数、评论数等。

电子邮件营销：打开率、点击率、订阅取消率等。

社交媒体营销：关注数、点赞数、分享数、评论数等。

在线广告：展示次数、点击次数、点击率、转化率等。

这些指标都能帮助企业更深入地了解网络营销活动的效果，从而更准确地评估网络营销的绩效。

三、网络营销绩效评估指标体系构建方法

网络营销绩效评估指标体系的构建涉及多个步骤和方法，以下做简要说明。

（一）目标设定和需求分析

确定网络营销的具体目标和需要评估的范围。例如，目标可以是增加网站流量、提高社交媒体参与度或增加销售转化率。

分析企业的网络营销策略和战略，了解关键要素和指标的需求。

（二）指标选择和构建

根据目标和需求，选择与网络营销活动密切相关的评估指标。这些指标可以包括关键业绩指标（KPIs）、转化率、社交媒体参与度、网站访问量等。

确定指标的定义和计算方法，以确保指标的准确性和可比性。

注意指标之间的关联性和相互影响，避免指标冗余或重复。

（三）指标权重确定

为每个评估指标分配适当的权重，反映其对网络营销目标的重要性。权重可以通过专家判断、统计数据分析或决策者的偏好来确定。

使用不同的方法，如层次分析法、权重比较法等，来量化和确定指标的权重。

（四）指标体系构建和层次结构

将选定的评估指标组织成一个体系结构，形成层次结构。可以采用树状结构、层次结构、因果关系图等形式来展示指标之间的层次关系。

确定指标之间的依赖关系和影响关系，以便更好地理解网络营销活动的效果和因果关系。

（五）数据收集和分析

收集和整理与评估指标相关的数据，包括网站分析数据、社交媒体数据、市场调研数据等。

进行数据分析和计算，以获得指标的具体数值和趋势。

（六）指标应用和结果解释

将指标体系应用于实际的网络营销活动，进行绩效评估和分析。

解释和解读评估结果，根据指标的数值和趋势，评估网络营销活动的效果，并提出改进和优化的建议。

在网络营销绩效评估指标体系的构建过程中，需要综合考虑目标导向性、数据可获得性、指标关联性和可操作性等因素。同时，根据企业的实际情况和需求，可以进行适当的调整和定制，以确保指标体系的适用性和有效性。

四、网络营销绩效评估指标体系的优化与改进

（一）现有指标体系的问题和不足

现有的网络营销绩效评估指标体系可能存在一些问题和不足，具体有以下几个方面：

1. 缺乏个性化和定制性

通用的指标体系可能无法充分考虑企业的特定需求和目标。每个企业的网络营销策略和目

标都可能不同，因此需要根据具体情况进行个性化和定制化的指标体系构建。

2.指标选择的主观性

指标的选择过程可能存在主观性和偏好，缺乏客观性和科学性。在指标选择时，应该基于数据和业务需求进行权衡和决策，避免主观性和个人偏好的影响。

3.缺乏绩效和效果的直接关联

某些指标可能难以直接与网络营销的绩效和效果建立明确的关联。例如，社交媒体关注度和品牌知名度之间的关系可能并不直接。指标的选择应该更加关注对绩效和效果的直接度量。

4.忽略用户体验和品牌价值

现有指标体系可能过于关注业绩和转化率等结果性指标，而忽略了用户体验和品牌价值的重要性。用户体验和品牌价值对于长期的网络营销成功同样至关重要，应该在指标体系中得到充分的关注。

5.缺乏动态和实时性

传统的指标体系可能过于静态，无法及时反映网络营销活动的变化和趋势。网络营销是一个动态的过程，指标体系应该具备实时性和持续性，能够及时监测和调整网络营销策略。

6.指标之间的冗余和重复

某些指标可能在度量方面存在冗余或重复。重复的指标可能导致信息重复和分析困难。在构建指标体系时，应该避免选择过于相似或重复的指标。

7.缺乏智能化和数据驱动性

随着技术的发展，数据驱动的网络营销越来越重要。现有的指标体系可能缺乏对数据的智能分析和利用，无法充分发挥大数据和人工智能的潜力。

（二）优化和改进方法的探讨

为了克服现有评估体系的问题和不足，构建更有效的网络营销绩效评估指标体系，可以按照下面的方法对现有评估体系进行优化和改进。

1.数据分析和挖掘

充分利用数据分析和挖掘技术，深入挖掘网络营销活动的数据，发现隐藏的关联性和趋势。通过数据分析，可以确定更具预测性和解释性的指标，以及更准确的权重分配。

2.个性化和定制化

针对不同企业的特定需求和目标，进行个性化和定制化的指标体系构建。考虑企业的行业特点、目标市场、竞争环境等因素，选择更具适应性和可操作性的指标，以实现更精准的绩效评估。

3.综合指标体系的优化

优化指标体系的层次结构和模型构建。可以采用结构方程模型、多指标综合模型等方法，综合考虑指标之间的关系和权重分配，提高指标体系的准确性和可操作性。

4.引入新兴指标和方法

关注新兴的网络营销指标和方法，例如用户参与度、社交影响力、用户体验度量等。结合技术的发展，考虑引入大数据分析、机器学习和人工智能等方法，提升指标体系的智能化和数据驱动性。

5.定期评估和改进

绩效评估是一个持续的过程，定期对指标体系进行评估和改进。根据评估结果和反馈意见，及时调整指标的权重、重新选择指标或优化模型，以适应网络营销策略的变化和业务需求的发展。

6.关注用户体验和品牌价值：在指标体系中加入更多关于用户体验和品牌价值的指标。考虑用户满意度、品牌知名度、口碑传播等因素的度量，以全面评估网络营销活动对用户体验和品牌价值的影响。

7.实时监测和调整：建立实时监测和调整机制，及时收集和分析网络营销活动的数据，并根据数据的变化和趋势进行调整和优化网络营销策略。确保指标体系具有实时性和动态性，以适应快速变化的市场环境。

通过以上优化和改进的方法，可以不断提升网络营销绩效评估指标体系的科学性、准确性和实用性，帮助企业更好地评估和改进网络营销活动，实现更好的业绩和效果。

（三）未来网络营销绩效评估指标体系的发展趋势和展望

随着网络营销环境的不断发展和变化，网络营销绩效评估指标体系也将面临着一系列的挑战和机遇。以下是对未来网络营销绩效评估指标体系发展趋势和展望的几点思考：

1.数据驱动

在大数据时代，企业有可能访问到前所未有的海量数据。这为网络营销绩效评估指标体系提供了丰富的素材和强大的支持。未来，绩效评估指标体系将更加依赖数据，能更精确地反映营销活动的效果。

2.AI和机器学习的应用

AI和机器学习技术是目前热度较高的领域，随着这些技术的不断发展，它们在网络营销绩效评估指标体系中发挥越来越重要的作用。例如，AI和机器学习可以帮助企业从海量数据中找出有用的信息，预测营销活动的效果，自动优化营销策略等。

3.更全面的指标

随着社会对企业社会责任的关注度提高，企业的网络营销活动不仅要关注经济效益，还需要关注其对社会和环境的影响。因此，未来的网络营销绩效评估指标体系将包含更全面的指标，不仅包括经济效益的指标，还包括社会和环境效益的指标。

4.用户体验的重视

在用户主导的市场环境中，用户体验的好坏直接影响了网络营销的效果。因此，未来的网络营销绩效评估指标体系将更加重视用户体验，将用户满意度、用户留存率等指标纳入评估体系。

总的来说，未来的网络营销绩效评估指标体系将更加精细、全面和智能。这将为企业提供更有效的决策支持，帮助企业在激烈的市场竞争中取得优势。

第二节　数据分析与决策支持

在网络营销的过程中，数据分析和决策支持系统的应用显得尤为重要。正确的数据分析可以帮助企业更好地了解消费者的需求，优化营销策略，提高营销效果；而有效的决策支持系统可以为企业提供及时、准确、全面的信息，帮助企业提高决策的质量和效率。

一、数据分析的概念与理论基础

（一）数据分析的概念与类型

数据分析是指通过收集、整理、处理和解释数据，以获取有关特定问题或情况的见解和结论的过程。数据分析可以应用于各个领域，包括业务、科学、社会研究等，用于发现模式、关联性、趋势和洞察力，以支持决策制定和问题解决。下面是一些常见的数据分析类型：

描述性分析（Descriptive Analysis）：描述性分析是对数据进行总结和描述的过程。它涉及对数据的基本统计量（如平均值、中位数、频率分布等）进行计算和展示，以了解数据的基本特征和趋势。

探索性分析（Exploratory Analysis）：探索性分析是对数据进行深入探索和发现的过程。它涉及使用可视化工具和统计方法来识别数据中的模式、趋势、异常值和关联性，以帮助发现隐藏的信息和问题。

预测性分析（Predictive Analysis）：预测性分析是基于历史数据和模型构建，用于预测未来事件和趋势的过程。它涉及使用统计方法、机器学习和数据挖掘技术来构建预测模型，以帮助做出未来事件的预测和决策。

假设检验与推断分析（Hypothesis Testing and Inferential Analysis）：假设检验与推断分析用于从样本数据中进行推断和判断，以得出关于总体的结论。它涉及使用统计假设检验和置信区间的方法，来验证假设和进行统计推断。

关联分析（Association Analysis）：关联分析用于发现数据中的关联关系和规律。它涉及使用关联规则和频繁项集的方法，以识别数据中的共现模式和相关性，例如购物篮分析中的商品关联。

聚类分析（Cluster Analysis）：聚类分析用于将数据分组或聚类成具有相似特征的子集。它涉及使用聚类算法和距离度量方法，以帮助识别数据中的群组和分类。

时间序列分析（Time Series Analysis）：时间序列分析用于分析时间序列数据中的趋势、季节性和周期性。它涉及使用时间序列模型和方法，以帮助预测和解释时间序列数据的变化。

以上只是数据分析的一些常见类型，实际应用中可能会结合多种方法和技术进行综合分析。选择适当的分析类型取决于数据的特点、分析目标和问题的需求。

（二）数据分析的理论基础

1.统计学理论

统计学是数据分析的基础，它涉及收集、汇总、分析和解释数据的原则和方法。统计学提供了描述和推断数据特征、探索关系、进行推断和预测的工具和技术。常见的统计学方法包括描述统计、推断统计、回归分析、方差分析等。

2. 概率论理论

概率论是研究随机事件发生的可能性和规律的数学分支。概率论提供了描述不确定性的工具，包括概率分布、随机变量和概率模型。在数据分析中，概率论被用来建立统计模型、进行推断和预测，以及评估不确定性。

3. 数据挖掘理论

数据挖掘是从大规模数据中发现模式、关联和趋势的过程。数据挖掘涉及使用算法和技术，包括聚类、关联规则、分类和预测模型等。数据挖掘的目标是通过挖掘数据中的隐藏知识，揭示数据中的有用信息。

4. 机器学习理论

机器学习是一个人工智能领域，涉及让计算机从数据中学习和改进性能的算法和方法。机器学习技术包括监督学习、无监督学习和强化学习等。在数据分析中，机器学习可以用于分类、预测、聚类和模式识别等任务。

5. 数据可视化理论

数据可视化是通过图表、图形和可视化工具将数据以视觉方式呈现的过程。数据可视化有助于理解和解释数据，发现模式和趋势，并有效地传达数据的见解。常见的数据可视化工具包括条形图、散点图、折线图、热力图和仪表板等。

6. 数据库管理理论

数据库管理涉及存储、组织和管理大量数据的技术和方法。数据分析需要有效地提取和处理数据，数据库管理提供了数据存储和查询的基础。

这些理论为数据分析提供了理论基础和方法论，帮助分析人员从数据中提取有价值的信息和洞察，并支持决策制定和问题解决。在实际应用中，这些理论通常会结合具体领域的专业知识和技能进行综合分析。

二、数据分析在网络营销中的应用

（一）数据分析在网络营销策略制定中的应用

数据分析在网络营销策略制定中发挥着关键作用。通过收集和处理来自各种渠道的数据（包括社交媒体、电子商务网站、用户行为日志等），营销团队可以获取深入的洞察，以帮助他们理解目标受众的需求、行为和偏好。

首先，通过对用户行为数据的分析，营销人员可以追踪和度量各种营销活动的性能，如点击率、转化率、用户参与度等。这种性能数据可以帮助他们评估现有的网络营销策略的有效性，并确定需要进行优化的区域。

其次，数据分析也可以用来进行客户细分。通过对消费者数据的聚类和分类，营销人员可以将消费者分成具有相似特征和行为的群体，从而能够为每个群体设计更具针对性的营销策略。

此外，数据分析还可以驱动个性化营销的实施。通过分析每个消费者的购买历史、产品喜好、在线行为等数据，营销人员可以生成个性化的产品推荐和营销信息，以提高消费者的参与度和转化率。

最后，数据分析还可以帮助营销人员预测未来的市场趋势和消费者行为。通过对历史数据的分析和建模，他们可以预测消费者可能的需求变化和市场发展趋势，从而可以提前制定和调整网络营销策略。

数据分析为网络营销策略的制定提供了数据支持和决策依据，使得网络营销策略能够更加精准、高效和个性化。

（二）数据分析在网络营销活动评估中的应用

数据分析在网络营销活动评估中起到了关键的作用。营销团队可以通过收集和分析各种关键性能指标的数据，来衡量和优化他们的网络营销活动。以下是一些应用示例：

1.网络流量分析

网络流量数据，包括访问次数、用户数、页面浏览量、跳出率等，可以帮助营销团队了解用户对网站或应用的使用情况，评估营销活动对网站流量的影响。

2.用户参与度分析

用户参与度数据，如页面浏览时间、分享数、点赞数、评论数等，可以反映用户对内容或活动的兴趣和参与程度。通过分析这些数据，营销团队可以了解哪些内容或活动最能吸引用户参与，进而优化内容策略。

3.转化率分析

转化率是衡量网络营销活动效果的重要指标。它可以是提交表单的转化率、下载应用的转化率、购买产品的转化率等。通过跟踪和分析转化率，营销团队可以了解营销活动在吸引用户采取预期行为方面的效果。

4.ROI（投资回报率）分析

ROI是衡量网络营销活动性价比的关键指标。通过计算营销活动的总成本和由此产生的收益，营销团队可以评估每种营销策略或活动的经济效益。

（三）数据分析在网络营销效果优化中的应用

数据分析在网络营销效果优化中的应用广泛而深入。

1.用户行为洞察

数据分析可以揭示用户在网站或应用中的行为模式，如用户最常访问的页面、用户停留时间最长的内容、用户最常使用的功能等。通过深入了解用户行为，营销团队可以优化网站或应用的设计和内容，提高用户体验，增加用户黏性。

2.营销活动测试

数据分析可以用于测试不同的营销策略和活动的效果。例如，通过A/B测试，营销团队可以比较两种不同的营销邮件或广告的点击率和转化率，从而优化营销内容和设计。

3.转化漏斗优化

通过分析转化漏斗中的每一步，营销团队可以发现用户在转化过程中可能遇到的障碍，如注册流程过于复杂、结账页面加载速度慢等。然后，营销团队可以针对这些问题，优化转化过程，提高转化率。

4. 用户留存分析

数据分析可以帮助营销团队理解用户的留存情况，如用户在第一次购买后多久会进行第二次购买，用户在多长时间后会停止使用产品或服务等。通过优化用户的生命周期，营销团队可以提高用户的生命周期价值。

5. 跨渠道分析

通过跨渠道分析，营销团队可以理解用户在不同渠道（如电子邮件、社交媒体、搜索引擎等）之间如何转移，然后优化渠道策略，提高整体的营销效果。

三、利用数据分析进行决策支持时需要注意的问题

在网络营销中，使用数据分析进行决策支持时，应注意以下问题：

第一，为了得到可靠的分析结果，输入的数据必须是准确和完整的。如果数据存在错误、缺失或偏见，那么分析结果可能会引导错误的决策。因此，数据清洗和验证是数据分析的重要步骤。

第二，在收集和使用数据的过程中，企业必须尊重用户的隐私权。所有的数据收集和使用活动都应在法规框架下进行，企业还应明确向用户解释数据的收集、使用和保护政策，并尊重用户的选择。

第三，数据驱动的决策不应排除人的判断。虽然数据分析可以提供有价值的洞察和建议，但决策过程中仍需要人的判断。数据只是反映过去和现在的情况，但未来可能会发生变化。此外，有些决策涉及伦理、价值和策略等因素，这些都需要人的判断。

第四，数据分析的结果需要通过专业知识和上下文来解释。数据分析只能提供数字和图表，但不会告诉我们这些结果意味着什么。只有正确理解和解释数据，才能做出正确的决策。

第五，虽然数据分析是一个有力的工具，但它不是万能的。有时候，过度依赖数据可能会忽视其他重要的因素，如市场动态、竞争对手的行为、政策变化等。

第六，在进行数据分析之前，应明确分析的问题和目标。如果没有明确的问题和目标，数据分析可能会变成一种无目的的搜索，浪费时间和资源。

第三节　网络营销策略优化与改进

随着市场环境的变化，消费者需求的多元化，以及竞争对手策略的不断优化，企业的网络营销策略需要不断进行优化与改进，以适应这些变化，从而实现营销目标。

一、网络营销策略的改进

通过前文的研究，我们可以看到，尽管网络营销带来了很多优势，但在实际操作中，企业也面临着一些挑战和问题。

（一）目前网络营销策略存在的问题

1. 用户关注度分散

随着互联网技术的不断发展和普及，出现了大量的在线平台和应用，如社交媒体、新闻网

站、视频分享平台等。每个平台都提供各种各样的内容和服务，吸引了大量的用户。用户在面对如此多的选择时，不可避免地将注意力分散在不同的平台和内容之间。

社交媒体的兴起和娱乐化内容的流行也导致用户关注度的分散。社交媒体平台如微博、抖音和微信等，提供了与朋友、家人和社交圈互动的机会。用户倾向于在这些平台上花费大量的时间，与人分享生活、浏览朋友圈和参与社群讨论。此外，娱乐化内容，如视频分享平台上的搞笑视频、短视频和娱乐新闻，吸引了用户的关注和参与。这些娱乐化的内容通常更容易引起用户的兴趣，进一步分散了他们的注意力。

2. 信息过载

互联网上的信息量呈指数级增长，用户在浏览网页、使用社交媒体、接收电子邮件等活动中接触到大量的信息。这些信息包括新闻报道、广告、社交媒体帖子、博客文章、产品推广等，形式多样、内容丰富。

信息过载给用户带来了一系列问题。首先，用户面临着时间的限制，无法阅读和消化所有的信息。他们需要在有限的时间内做出选择，决定关注哪些信息，而忽略其他的信息。这种选择压力会使用户更加挑剔，只关注他们最感兴趣或最有价值的内容。

其次，信息过载会导致用户注意力的分散。当用户面临大量信息的时候，他们很容易被打断和分散注意力。他们可能在阅读一篇文章的同时接收到多个通知，或者在观看一个视频时看到其他推荐的视频。这种分散注意力的现象使得用户很难集中精力关注某个特定的信息或广告。

此外，信息过载还给用户带来了信息质量的问题。互联网上存在大量的虚假信息、低质量内容和广告垃圾，这使得用户更加警惕和谨慎地对待所接收到的信息。他们需要花费更多的时间和精力来筛选和辨别真实可信的信息，这增加了他们对营销信息的不信任和忽视。

对于企业而言，面对信息过载的挑战，他们需要采取一系列策略来吸引用户的关注。

3. 用户信任度低

用户信任度的低下是网络营销面临的一个重要问题。

互联网上存在大量的虚假信息和欺诈行为。这些虚假信息可能是虚假广告宣传、夸大产品功能、虚构的用户评价等，给用户带来了不良体验和误导，降低了他们对网络营销信息的信任度。而随着个人信息的收集和使用越来越普遍，用户对个人隐私和数据安全的担忧也在增加。担心个人信息被滥用和泄露的用户更加谨慎对待网络营销信息，对企业的真实性和诚信度产生怀疑。虽然用户评价在电子商务交易中起着重要的影响作用，但同时也存在虚假评价和刷评的问题。用户对于评价的真实性和可信度存在疑虑，降低了他们对网络营销信息的信任度。

最重要的是在互联网营销领域，缺乏统一的监管和规范，导致一些不良商业行为得以滋生。这些不良行为给用户带来负面体验，降低了他们对网络营销信息的信任度。

4. 营销效果难以衡量

衡量网络营销活动的效果是一个具有挑战性的任务。虽然网络营销可以收集大量的数据，但如何准确衡量和评估营销活动的效果仍然存在一些困难。以下是导致营销效果难以衡量的主要因素：

（1）过度多元化的目标和指标

网络营销活动的目标多样化，涉及品牌知名度、网站流量、社交媒体参与、转化率等多个方面。选择适当的指标来衡量不同目标的实现，且指标之间的关联性和权衡性需要仔细考虑。

（2）数据的复杂性和碎片化

网络营销活动涉及的数据量庞大且碎片化，包括网站流量、社交媒体互动、转化数据等。这些数据可能来自不同的渠道和平台，以不同的格式和结构呈现，这使得数据的收集、整合和分析变得复杂。

（3）时间和因果关系

网络营销活动的影响通常不是即时的，而是随着时间的推移逐渐显现。由于时间延迟和其他因素的干扰，准确判断营销活动与业绩之间的因果关系变得复杂，可能存在其他外部因素对结果的影响。

（4）数据质量和准确性

数据的质量和准确性对于衡量营销效果至关重要。不准确的数据或缺乏完整性的数据可能导致评估结果的失真，从而影响决策的准确性和有效性。

（二）网络营销策略的改进

针对以上问题，企业可以采取以下对策：

精准定位和个性化营销：通过深入了解目标受众的需求和偏好，进行精准定位，并提供个性化的营销内容和服务，以吸引用户的关注和兴趣。

增强内容质量和创新性：提供高质量、有价值和有创意的内容，以吸引用户的关注和留存。通过提供独特的视角、有趣的故事和实用的信息，提高用户与品牌之间的互动和忠诚度。

强化品牌形象和信誉：通过建立良好的品牌形象、提供优质的产品和服务，并与用户进行积极互动，提高用户对品牌的信任和认可度。

加强社交媒体营销和影响者合作：利用社交媒体平台的广泛覆盖和用户互动性，进行有针对性的社交媒体营销。与相关领域的影响者合作，通过他们的影响力和粉丝基础来推广企业品牌和产品。

提供个性化用户体验：通过分析用户数据和行为，了解用户偏好和需求，并提供个性化的用户体验，包括个性化推荐、定制化服务和个性化沟通等。

强化数据分析和评估：建立有效的数据收集和分析系统，准确衡量和评估营销活动的效果。根据数据结果进行优化和改进，确保营销策略的有效性和回报率。

建立信任机制和增强透明度：通过建立信任机制，如真实用户评价、客户案例分享和社会认证等，增加用户对企业的信任度。同时，加强对个人信息保护和数据安全的关注，提高用户对数据隐私的信任和保护感。

统一监管和规范：政府和相关机构应加强互联网营销领域的监管和规范，打击虚假宣传和不良商业行为，保护用户权益和提升整体行业信誉。

创新营销衡量方法：探索新的营销效果衡量方法，如使用先进的分析工具和技术，建立更准确的指标体系，并结合定性和定量数据进行综合评估。

二、网络营销策略的优化措施

在实施网络营销策略的过程中，电商企业需要根据自身及消费者的需要，采取相应的优化措施。以下是一些可能的建议：

（一）加强与消费者的交流和互动

在网络营销中，消费者的反馈是非常宝贵的资源，因为它直接反映了消费者对产品或服务的真实体验和感受。与消费者建立良好的交流和互动关系，可以帮助企业更准确地了解消费者的需求和期望，从而提供更符合消费者需求的产品或服务。

建立在线社区：企业可以通过建立在线社区或论坛，提供一个供消费者交流和分享经验的平台。在这个平台上，消费者可以分享他们对产品或服务的使用体验，企业也可以从中收集到大量的反馈信息。

利用社交媒体：社交媒体是一个非常重要的与消费者交流和互动的工具。企业可以通过在社交媒体上发布更新信息，回应消费者的评论，参与话题讨论等方式，增加与消费者的互动。

开设在线客服：在线客服可以为消费者提供即时的咨询和解答服务，帮助解决消费者在使用产品或服务过程中遇到的问题。

发送问卷调查：企业可以定期向消费者发送问卷调查，了解消费者对产品或服务的满意度，收集消费者的建议和意见。

以上的方法都可以帮助企业加强与消费者的交流和互动，通过收集和分析消费者的反馈，企业可以及时调整和优化网络营销策略，提高产品或服务的质量，提升消费者的满意度。

（二）提高个性化营销的水平

个性化营销是现代网络营销的重要趋势之一，它依赖于对消费者行为的深度理解和分析。每个消费者都有他们独特的需求、喜好和行为模式，而个性化营销就是以满足这些个性化需求为目标，提供个性化的产品和服务，实施个性化的营销策略。

企业可以通过收集和分析消费者的搜索历史、浏览记录、购买行为等数据，了解消费者的兴趣、喜好和需求。这些数据可以帮助企业精确地定位目标消费者，实施更有效的个性化营销策略。根据消费者的个性化需求，企业可以提供定制化的产品和服务。例如，一些服装品牌提供定制化的设计服务，消费者可以根据自己的喜好选择颜色、样式和尺寸等。

企业可以根据消费者的兴趣和喜好，提供个性化的营销信息和推广活动。例如，电商平台可以根据消费者的购买记录，推送相关的产品推广信息。

AI技术可以帮助企业更精确地理解消费者的需求和行为，实施更有效的个性化营销策略。例如，推荐算法可以根据消费者的浏览和购买记录，推荐他们可能感兴趣的产品。

通过以上的方法，企业可以更好地理解消费者的需求，提供更符合他们需求的产品和服务，实施更有效的个性化营销策略。

（三）利用新的营销技术和工具

随着科技的快速发展，人工智能、大数据、区块链等新技术已经在网络营销中得到了广泛应用。这些新技术和工具不仅可以提高网络营销的效率，还可以帮助企业实现精准营销，提高营销效果。以下是几种利用新技术优化网络营销策略的方式：

AI 可以通过机器学习算法自动分析消费者的购买行为、搜索历史和社交媒体活动，从而理解消费者的需求和喜好。基于这些洞察，企业可以制定出更精准的营销策略。此外，AI 还可以用于实现营销自动化，如自动发送个性化的营销信息，自动处理客户咨询等。

大数据可以帮助企业收集和分析大量的消费者数据，从而获取关于消费者行为和市场趋势的深入洞察。基于这些洞察，企业可以优化产品设计、定价策略、促销活动等，提高营销效果。

区块链技术可以为网络营销提供一个透明且不可篡改的数据记录平台。企业可以利用区块链记录消费者的购买历史、产品偏好等信息，从而实现精准营销。此外，区块链也可以用于防止广告欺诈，保护消费者隐私等。

利用这些新的营销技术和工具，企业不仅可以提高网络营销的效率，而且可以实现更精准、更个性化的营销，从而提高营销效果。

（四）优化网络营销渠道

根据不同的消费者群体和市场环境，选择最有效的网络营销渠道，例如，对于年轻的消费者群体，可能需要更多地使用社交媒体和移动应用程序等营销渠道。

（五）加强网络营销的效果评估

通过数据分析和效果评估，了解网络营销的效果，找出优化的方向和措施。可以利用 A/B 测试、转化率分析、ROI 计算等工具和方法，对网络营销的各个环节和整体效果进行评估。

（六）建立和维护良好的网络口碑

在网络营销中，口碑的影响力越来越大，企业需要通过提供优质的产品和服务，良好的消费者体验，建立和维护良好的网络口碑。同时，需要积极应对负面口碑，通过公开、透明、积极的态度，解决消费者的问题和投诉，恢复和提升企业的网络口碑。

以上是一些可能的网络营销策略的优化措施，企业需要根据自己的实际情况，选择和实施最适合自己的优化措施。

参考文献

[1] 杨立钒. 互联网环境下企业网络营销渠道选择研究 [M]. 上海：复旦大学出版社，2012.

[2] 马莉婷，编. 网络营销理论与实践（第2版）[M]. 北京：北京理工大学出版社，2022.

[3] 王颖纯，杨欣. 电子商务网络营销 [M]. 北京：电子工业出版社，2015.

[4] 俞立平. 企业电子商务与网络营销 [M]. 北京：科学出版社，2004.

[5] 兰岚，卜卓，张连馥. 现代电子商务与市场营销研究 [M]. 长春：吉林人民出版社，2021.

[6] 胡莹瑾. 电子商务理论与实践研究 [M]. 长春：吉林人民出版社，2020.

[7]（美）菲利普·科特勒（Philip Kotler），（菲）埃迪尤阿多·罗伯托. 社会营销变革公共行为的方略 [M]. 俞利军，邹丽，译. 北京：华夏出版社，2003.

[8] 沈洪敏. 电子商务定义与概念探讨 [J]. 现代商贸工业，2011，23（20）：235.

[9] 车诚，戚晓琳，马万祺，等. 移动社交网络营销效果的影响因素实证研究 [J]. 中国管理科学，2017，25（5）：145—149.

[10] 田玲. 电子商务的演变与发展趋势 [J]. 西安电子科技大学学报（社会科学版），2005（3）：66—70.

[11] 李磊. 大数据技术在电子商务系统中的应用研究 [J]. 山东工业技术，2017（18）：156，153.

[12] 赵永胜. 互联网背景下企业市场营销创新研究 [J]. 技术经济与管理研究，2020（4）：72—79.

[13] 谢利坤. 互联网时代市场营销的机遇和挑战 [J]. 人民论坛，2019（7）：80—81.

[14] 王永贵，王帅，胡宇. 中国市场营销研究70年：回顾与展望 [J]. 经济管理，2019，41（9）：191—208.

[15] 高源，张桂刚. 基于大数据的网络营销对策研究 [J]. 湖北经济学院学报（人文社会科学版），2014，11（2）：66—68.

[16] 李静. 基于大数据精准营销的网络营销策略研究 [J]. 商业经济研究，2017（11）：46—47.

[17] 高腾玲. 互联网背景下网络个性化营销创新趋势探究 [J]. 商业经济研究，2017（19）：52—54.

[18] 朱洪芳. 移动电子商务运营模式及其发展对策 [J]. 电子商务，2018（2）：20—21.

[19] 侯静雅. 基于大数据精准营销的网络营销策略研究 [J]. 现代商贸工业，2019，40（1）：48—49.

[20] 胡志英. 电子商务背景下网络营销研究 [J]. 佳木斯职业学院学报，2017（8）：459.

[21] 全淼. 移动电商网络营销策略分析 [D]. 西安：长安大学，2017.